Kann man das wegmachen?

Aufgezeichnet von
Ute Fischer
Bernhard Siegmund

Ein Buch aus dem

Redaktionsbüro Fischer + Siegmund
In den Rödern 13
64354 Reinheim

Fotos: Fischer (8), Siegmund (6),

   Rosenparkklinik (11)

Das Buch wurde nach bestem Wissen zusammengestellt. Für die Richtigkeit der beschriebenen Angaben wird keine Gewähr übernommen.

ISBN: 978-3-7562-4761-5

1. Auflage
Herstellung und Verlag:
BoD – Books on Demand, Norderstedt

Kann man das wegmachen?
Februar 2022

Jahre lang schon ärgere ich mich mit der Fettwulst herum, die sich in Folge der Oberkörper-Schrumpfung zwischen Brust und Taille gelegt hat. Die Ursache ist die Osteoporose meiner Mutter, die bei mir diagnostisch nie befunden wurde, sondern nur eine Osteopenie, so nennt man die Vorstufe zur Osteoporose, zu der es allerdings nicht automatisch kommen muss.

Trotzdem: Seit meinem 30. Lebensjahr ist über verschiedene Ausweispapiere belegt, dass mein Oberkörper schrumpft. Fast jedes Mal gab es in den kommunalen Stellen für Reisepass und Co. eine Person, die mich fast triumphierend darauf aufmerksam machte, dass ich meine Körpergröße aus dem abgelaufenen Pass nicht einfach in den neuen übertragen könne, sondern gefälligst etwas realistischer mit meiner Körpergröße umzugehen habe. Das typische Tannenbäumchen-Muster auf meinem Rücken registriere ich schon seit Jahrzehnten. Tatsächlich bin ich im

Laufe der Jahre um zehn Zentimeter geschrumpft. By the way: Ich bin 74 Jahre alt.

Osteoporose

Meine Mutti bekam ab circa 70 Jahren einen Rundrücken, den man auch Witwenbuckel nennt. Schon mit etwa 50 Jahren ließ ich (Privatpatientin) deshalb die erste Knochendichtemessung vornehmen und erhielt die Diagnose, dass ich steil auf eine Osteoporose losmarschieren würde. Zur Therapie erhielt ich ein Medikament, das ich einmal pro Woche einzunehmen habe, und zwar morgens und gleichzeitig eine Stunde vor dem Frühstück. In dieser Stunde aber durfte ich mich weder nochmals hinlegen, nicht einmal setzen. Das Bauchgrimmen war zu ertragen, aber nicht das Gefühl, ich würde mir damit nichts Gutes tun. Nach Beendigung der Packung schob ich nichts nach.

Ich suchte nach Alternativen. Das Wirksamste ohne Nebenwirkungen waren sogenannte isometrischen Übungen, also Bewegungen mit kleinen Kraftanstrengungen wie Fingerkuppen aneinander stupsen, hopsen, Krafttrainingsübungen mit dem Terra-Band und einem Stock. Als ideal wurde empfohlen, sich täglich auf einen Vibrator sprich Rüttelplatte zu stellen. Ich hatte gleichzeitig auch darüber gelesen, dass man Kranken, die lange liegen mussten, mit einem täglichen zehnminütigen Rüttelprogramm (auch im Liegen) den Knochendichte- und Muskelabbau aufhalten könne.

Mein privater Kampf gegen Osteoporose

Für mich summierten sich folgende Gegenmaßnahmen: Joggen und Rüttelplatte. Die Rüttelplatte gab es für 400 Euro bei ALDI. Das mit dem Joggen fing ich alleine an. Die erste Runde um unser Wohnviertel dauerten 30 Minuten. Nach einem Monat waren es nur noch 15 Minuten. Nach einem halben Jahr war ich in fünf Minuten wieder da. Also ein zu kleines Trainingsfeld. Ich ging zum Lauftreff in die nächste Stadt. Da gab es drei Mal die Woche Laufgruppen für alle Konditionen: leichtes Walking für Beginner, fünf Kilometer Joggen mit Gehpausen, sechs Kilometer mit Gehpausen, sieben Kilometer mit Gehpausen. Der Schritt zur ersten Runde ohne Gehpause war für mich eine spannende Entscheidung. Im Laufe von zwei Jahren steigerte ich mich bis zehn Kilometer in der Stunde. Ich hielt mich für unbesiegbar. Auch wenn privat etwas schnell zu erledigen war, machte ich mich wohlgesonnen auf die Strecke. Der aus der Jugend noch sitzende Reithosenspeck verschwand, ohne dass ich nachgemessen hätte. Irgendwann war er einfach weg. Und ich trug Hosen der Kategorie Slim.

Alle Menschen werden im Alter kleiner

Nichts desto trotz wurde ich immer kleiner. Die Messmarken notierten wir an einem Türrahmen zu unserem Wintergarten. Da befinden sich noch immer drei verschiedene Zahlenkolumnen: die niedrigste (unter 1,50) von Mutti, die höchste von meinem Mann und die Mittelste von mir. Unser gemeinsames Schrumpfen nahmen wir eher lächelnd zur Kenntnis. Diejenige, die diesen Vorgang mit den Jahren am stärksten hinzunehmen hatte, bin ich. Alles, was sich in der Länge des Oberkörpers verringerte, sammelte sich als Fettring unter meinem Busen an. Abnehmen brachte gar nichts; denn es war ja das Gewebe des Oberkörpers, das sich nach unten senkte. Selbst nach zwei Wochen Fasten magerte ich am Bauch und im Gesicht ab. Am Fettanteil in der Region zwischen Busen und Taille änderte sich fast nichts. Die Gewebefalte blieb. Manchmal an heißen Tagen war diese Falte feucht und ich puderte sie, um nicht wund zu werden.

2021 stagnierten die zehn Zentimeter, die ich kürzer geworden war, wie gesagt nur am Oberkörper. Ich merkte es vor allem daran, dass mir alle meine Hosen in der Länge passten, die Oberteile aber teilweise zu lang erschienen. Alles kein Problem bis dahin. Jedoch benötigte ich bei den Oberteilen immer mehr Platz für meinen Umfang durch jene Gewebewulst. Tapfer kaufte in einen Anzug: Hose Größe 38, Jacke Größe 42. Aber selbst diese Jacke passte nicht sonderlich, weil dort, wo bei einer Frau die Taille, also die schmalste Stelle ist, war bei mir die dickste, so dass ich jene Jacke nicht geschlossen tragen konnte. Im Herbst entdeckte ich sogenannte Doppelface-Oberteile, also mit zwei lose übereinander liegenden Schichten. Das sah nicht schlecht aus, erinnerte aber mehr an Verhüllen statt ans Kleiden. Auch zwei Kleidchen in dieser Schneiderweise hatte ich mir vor zwei Jahren zugelegt. Aber auch die wurden an dieser Stelle langsam eng.

Andere haben das auch

Ich führte immer mal wieder Gespräche mit Freundinnen und Bekannten. Den intimsten zeigte ich demonstrativ meine Speckrolle. Und nicht selten erhielt ich als Antwort eine weitere Speckrolle gezeigt. Muss man sich damit abfinden? Es war für mich kein Trost, Frauen in meinem Alter und jünger zu sehen, die mit so einem Rettungsring herumliefen, wobei sich die meisten nicht genierten, trotzdem viel zu enge Pullover und Shirts zu tragen. Ich hatte in den vergangenen Jahren schweren Herzens und mit großem Bedauern einige ziemlich teure Oberteile und Blazer in unseren Rot-Kreuz-Laden abgegeben. Sollte doch eine andere ihre Freude daran haben, wenn sie bei mir nur herumhingen.

Am Jahresende 2021 saß ich mal wieder mal am Schreibtisch und spürte den Ring um meine Taille. Wie immer um diese Jahreszeit erhielt ich per Post den Prospekt einer Schönheitsklinik, bei der ich mir vor Jahren einen hässlichen Pickel entfernen lassen hatte. Obwohl ohne Bedarf blätterte ich ihn durch und blieb an der sogenannten Liposuktion hängen; also Fettabsaugung. Das lassen sich hauptsächlich Frauen machen, die über Reithosenspeck klagen, eine Problemzone, die ich auf meine Weise bereinigt hatte. Ob die das auch mit meiner Fettfalte würden machen können? Ohne lange zu überlegen rief ich an und erhielt einen Termin nur eine Woche später. Meinem Mann erzählte ich nicht davon. Für ihn waren mein Körper und ich noch immer attraktiv, wenngleich ich an mir beobachte, dass ich mich im Schlafzimmer immer schnell aus- und umzog, damit er mich tunlichst nicht nackt sah. Quatsch. Ich weiß das. Aber ich genierte mich mit meinem verunglückten Körper, als sei ich selbst daran schuld.

Fällt mir der Cartoon ein: Steht eine dicke Frau vor dem Ganzkörperspiegel, zeigt mit dem Finger auf ihr Abbild und biegt sich vor Lachen: „Das geschieht ihm recht."

Nein, Spaß beiseite. So denken wir beide nicht. Wir sind glücklich miteinander. Wir lieben uns. Ja, wir machen noch Liebe. Anders als in jungen Jahren. Nicht weniger, sondern viel intensiver. Meine stärksten Orgasmen erlebe ich seit ich die 70 überschritten habe. Und sie lassen nicht nach. Im Gegenteil: Manchmal hallen sie noch viele Minuten, manchmal auch Stunden hinterher.

Trotzdem gab es ein einschneidendes Erlebnis für mich, das meinen Entschluss, mir einen Abnäher machen zu lassen, Nachschub verlieh. Beim Liebesspiel beabsichtige mein Mann wohl, mir von Hinten die Brüste zu streicheln und er erwischte stattdessen meine Fettfalte. Er merkte es gleich und ich denke, dass ihm das peinlich war. Mich machte das sehr unglücklich und bestärkte mich, etwas zu unternehmen. Ab hier beginnt mein Tagesbuch, das anderen Frauen helfen soll, sich auf so ein Abenteuer einzulassen oder es gleich zu lassen. Während ich dies zu Papier bringe, sind zwei Wochen seit der Liposuktion und Operation vergangen. Deshalb also ab nun die Gegenwartsform.

Können Sie das wegmachen?

Ich bin schon mal erleichtert, dass mein Gegenüber kein Mann ist. Die sehr gut aussehende junge überschlanke Ärztin hat wohl schon viel Hässliches meiner Art gesehen, denn sie erschreckt sich nicht, als ich meinen Pullover demonstrativ hochhebe und sehr naiv frage: „Können Sie das wegmachen?"

Sie schaut mich aufmerksam an, atmet eine spannende Pause und sagt dann lächelnd und

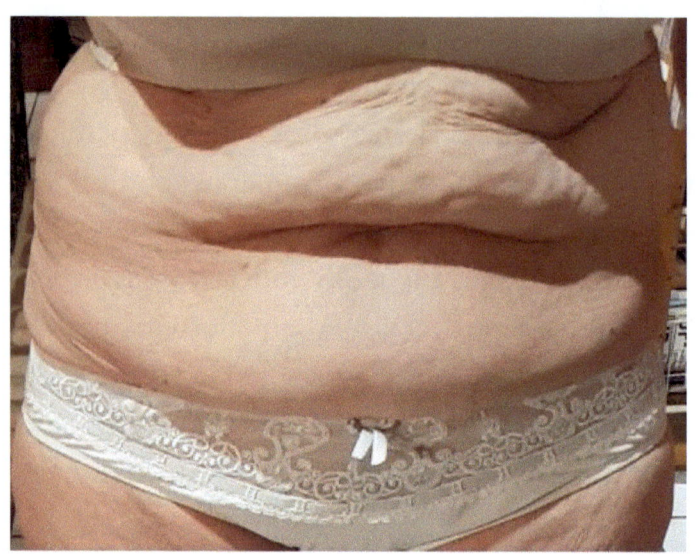

sehr unemotional und selbstverständlich: „Natürlich geht das. Das machen wir öfter".

Ich setze mich und lausche. Ihr Vorschlag: Im ersten Gang wird das Fett abgesaugt und in einem zweiten die Haut verkürzt und neu über dem Schambeinhügel angenäht. Auch der Nabel soll versetzt werden, was ich gar nicht für nötig erachtete. Wozu braucht man als 73jährige einen Nabel? Bikini trage ich seit 30 Jahren nicht mehr. Später wird mir klar: Nicht der Nabel wird versetzt, der ist ja an seiner Stelle festgewachsen, sondern ein neues Loch für ihn geschnitten, aus dem er nach der Bauchplastik herausschauen kann.

Das klingt alles sehr einfach, aber ist es nicht. Mit zwei Tagen stationärem Aufenthalt sei zu rechnen. Und billig ist dieser Eingriff natürlich auch nicht. Für die Fettabsaugung offeriert die Klinik im Januar und Februar einen Sonderpreis von 6.000 Euro. Ich weiß nicht, was es sonst kostet. Ich hätte auch mehr bezahlt, wenn ich damit meine Figur korrigieren könnte. Für die Bauchplastik müsste ich noch einmal mit dem gleichen Betrag rechnen, deutet die Ärztin mir an. Man werde mir ein Angebot schicken. Das kommt nach einigen Tagen: 12.650 Euro inklusive Narkose, zwei Übernachtungen und einem Spezial-Mieder, das ich einige Wochen werde tragen müssen.

Welche Erfahrungen gibt es?

Ich überlege nicht lange: Ich will Anfang März zur Expo nach Dubai fliegen; da sollte das Schlimmste überstanden sein. Tatsächlich erhalte ich auf mein Drängen einen OP-Termin am 1. und 2. Februar. Ich sage zu und beginne zu recherchieren, was auf mich zukommen werde. Als Erstes suche ich Kontakt zur Osteoporose-Selbsthilfe. Es gibt einen Bundesselbsthilfeverband mit rund 300 Selbsthilfegruppen und 15.000 Mitgliedern in elf Landesverbänden. Auf meine Anfrage erhalte ich lediglich eine automatische Nachricht, dass man aus Kapazitätsgründen einige Zeit zu einer Antwort brauche. Die Antwort nach vier Tagen besteht aus Fragen, die mir zeigen, dass hier wirklich keine Hilfe zu erwarten ist. Auf Nachhaken erhalte ich eine Telefonnummer aus der Nähe. Mit einer sehr freundlichen, verständnisvollen Dame unterhalte ich mich fast eine Stunde. Aber nicht über Osteoporose. Die hat sie gar nicht, sondern ihr verstorbener Mann. Zum Lachen: Wir unterhalten uns über Borreliose, jene Zeckeninfektion, mit der ich mich beruflich als Autorin und ehrenamtlich als Selbsthilfeorganisation seit über 20 Jahren beschäftige. Die gibt es auch in ihrer Familie. Ich glaube, dass ich mit einigen Ratschlägen und Richtigstellungen weiterhelfen konnte. Naja, wieder ein gutes Werk getan, quittiere ich das sehr erfreuliche Gespräch. Aber mit meiner Osteoporose war ich keinen Schritt weitergekommen.

Früher oder später habe ich die Hotline des Osteoporose-Selbsthilfevereins am Telefon. Ich schildere mein Problem. Noch nie etwas davon gehört, dass eines der Mitglieder so eine Operation habe machen lassen. Das irritiert mich besonders. Ist es ein Tabu-Thema? Auch ich verstecke die Symptome seit Jahren und quetsche mich in Korsetts, die die Wülste eng an den Körper pressen, auch wenn sie sich so nicht unsichtbar machen. Der Umfang bleibt und drückt auf den Magen. Gut: Er wabbelt nicht und man isst automatisch weniger. Aber man kommt sich trotzdem vor wie das Gegenteil von amputiert.

Es gibt noch das sehr aktive Netzwerk Osteoporose. Ich führe mit der Vorstandsvorsitzenden ein langes, informatives Gespräch. Sie meint, dass ich auf ihrer Homepage eine Antwort innerhalb der 17 sehr informativen Videofilme finden würde. Aber darin geht es ausschließlich um die medikamentöse Behandlung, um isometrische Übungen und um die

Vermeidung einer Osteoporose, aber nicht um die Behandlung von Symptomen, wie sie mir unter der Brust hängen. Ich teile ihr das mit und hoffe auf eine weitere Quelle, die meinen Entschluss irgendwie bestätigen würde. Aber die hat sie nicht. Das Netzwerk kümmert sich ausschließlich um die Verhinderung und Behandlung der Osteoporose. Gleichwohl findet sie es interessant, was ich da vorhabe.

Ich kann mir nicht vorstellen, dass ich im Riesen-Heer der Betroffenen die Einzige sein soll, die sich mit diesen Symptomen herumschlägt und auf Abhilfe sinnt. Vielleicht hätte ich doch einige der Selbsthilfegruppen anrufen sollen, statt nur den Bundesverband. Wenn ich der Klinik glaube, greifen viele Frauen zu dieser Methode, um sich die letzten Jahre oder Jahrzehnte ihres Lebens nicht darauf beschränken zu müssen, sich in Kleidung der Kategorie „Zelt" zu verhüllen. Freilich kostet das einen Haufen Geld, das auch nicht jeder auf dem Konto hat. Aber selbst, wenn ich es nicht hätte, würde ich an allem in meinem Leben sparen, um diese

Summe zusammen zu bekommen. Denn ich verspreche mir von dieser Operation einen großen Gewinn an Lebensfreude, Selbstbewusstsein und Unbeschwertheit. Außerdem: Wenn die OP so gelingt, wie ich sie mir vorstelle, brauche ich nie wieder im Leben etwas zum Anziehen zu kaufen. Denn meine Schränke hängen voll. Vielleicht muss einiges sogar enger genäht werden.

Herzogin Camilla, Ehefrau von Kronprinz Charles, Prince of Wales, ist seit 2001 Präsidentin der „Nationalen Osteoporose-Gesellschaft" (*National Osteoporosis Society*). Die Bekämpfung dieser Krankheit liegt ihr besonders am Herzen, da ihre Mutter und ihre Großmutter an den Folgen dieser Krankheit starben. Ob ich ihr mal schreibe?

Der OP-Tag nähert sich. Ich versuche, Dinge zu erledigen, die mir nach der OP vielleicht schwerfallen: Einkaufen, Mülleimer in der Küche leeren, Wäsche waschen und bügeln, einige

Geschäftspartner darauf vorbereiten, dass ich einige Tage nicht an den Rechner gehe und E-Mails nicht beantworten werde. Ich kaufe ein Nachthemd, damit ich nicht mit meinen Sexi-Seiden-Fiffies oder einem Pyjama in der Klinik auftauche. Freilich habe ich die Anzahlung, die knappe Hälfte, bereits geleistet. Geimpft und geboostert bin ich sowieso. Einen PCR-Text wollen sie. Muss das wirklich sein, wenn man komplett geimpft ist, frage ich an. Keine Antwort.

Ist das Kassenleistung?

Ich komme auf die Idee, diese OP als medizinisch notwendig einzuordnen. Schließlich besitze ich seit 1985 verschiedene Ausweispapiere, die mein Schrumpfen durch Angabe der Körpergröße dokumentieren. Und es ist offensichtlich, dass ich nur unter der Brust den Fettring trage und sonst normalgewichtig bin. Leider ist mein Hausarzt in Urlaub. Ich hätte mich aber auch generiert, ihm meine Körperfülle vorzuführen, zumal er über den Beinen einen wesentlich größeren Rucksack durch die Gegend trägt. In unserem Ort gibt es einen Chirurgen und Orthopäden. Einen Versuch wäre es doch wert, meine ich. Ich bin privat versichert; da ist manchmal einiges eher machbar, als wenn man gesetzlich versichert ist.

Ich mache mich also auf und konsultiere den sehr interessierten Mediziner. Wie gewohnt, erhalte ich schnell einen Termin. Angeblich hat gerade jemand abgesagt. Häufige Redewendung für Privatpatienten. Die letzte Knochendichtemessung aus 2017 habe ich dabei. Da steht schon etwas von Osteopenie drin, auch dass sich seit 2001 das Gesamtbild verschlechtert habe. Ich zeige ihm meine ungewöhnliche Wampe. Er kann an meinem schlanken Restkörper sehen, dass ich nicht das Ergebnis von ungesunder und übermäßiger Ernährung darstelle. Tatsächlich lässt er sich auf das Gespräch ein und verspricht, mir ein Attest zu schreiben. Dazu soll ich mich aber noch bei ihm röntgen lassen; das machen wir sogleich in der Praxis. Und er hätte gerne eine aktuelle

Knochendichte-Messung. Auch das erledigt sich schneller, als ich dachte. Von Freitag auf den Montagvormittag erhalte ich einen Termin in einer spezialisierten Praxis.

Tatsächlich habe sich die Osteopenie weiterentwickelt, befindet der Spezialist, aber es sei noch keine Osteoporose. Mit dem Befund und einem Rezept für ein Vitamin-D-Präparat werde ich entlassen. Den Befund schicke ich per E-Mail sofort an meinen Chirurgen. Zwischenzeitlich habe ich festgestellt, dass man bei meiner Versicherung einen OP-Termin zwei Wochen vorher anmelden müsse. Es ist Montag und am nächsten Tag soll ich operiert werden. Ich telefoniere mit dem Agenten meiner Krankenversicherung. Der macht mir wenig Hoffnung, verspricht aber, das avisierte Attest samt den Untersuchungsbefunden an die Hauptstelle der Versicherung weiterzuleiten. Nur – das Attest kommt nicht. Trotz mehrfacher Erinnerung in der Praxis erhalte ich nur belanglose Zwischenbescheide. Man sei bemüht. Blabla.

Vorgespräch mit dem Narkosearzt

Wir treffen uns auf einem Gang, in dessen Ecke zwei Plastikstühlchen hineingequetscht stehen. In einem Fragebogen habe ich alles ausgefüllt, was er wissen muss. Ob eine Infektionskrankheit vorliegt? Welche Medikamente ich derzeit einnehme? Blutgerinnungshemmende Medikamente wie Aspirin und Marcumar sind natürlich kontraindiziert und müssten rechtzeitig vorher abgesetzt werden. Nehme ich nicht. Allergien? Habe ich nicht. Operationen? Schon mehrere. Komplikationen bei einer Betäubung? Siehe später. Ob ich zu Bluthochdruck neige? Überhaupt nicht. Schon mal eine Blutübertragung erhalten? Nö. Besteht erhöhte Blutungsneigung? Auch nicht. Gefäßerkrankungen? Nie. Thrombose? War mal eine Fehldiagnose der Lyme-Borreliose bei mir. Herz-Kreislauf-Erkrankung? Weder Atemnot beim Treppensteigen noch Atemwegs-Lungenerkrankung? Erkrankungen des Verdauungssystems? Sodbrennen? Refluxkrankheit? Erkrankungen der Oberbauch-Organe? Niere? Harnorgane?

Stoffwechselerkrankungen? Schilddrüse? Erkrankungen des Nervensystems? Augenkrankheiten? Depressionen? Alles negativ. Habe ich alles nicht. Ich erzähle aber von dem Narkoseschaden, den mir ein Anästhesist vor 30 Jahren zugefügt hat, weil er mir den Beatmungs-Tubus gegen meine Stimmlippen geknallt hatte. Die Folge war eine langanhaltende Stimmbandlähmung, die mich meine Karriere als Radioreporterin kostete. Ich brauchte Jahre, teils tägliche Logopädie und zwei mehrwöchige Aufenthalte in einer Stimmklinik, bis ich wieder einigermaßen sprechen konnte. Der Anästhesist hat seine Schuld stets abgelehnt. Und mein Anwalt, eine echte Lusche, konnte sich vor Gericht nicht durchsetzen, als das Urteil sinngemäß beschrieb, dass ich mich wohl selbst mit Messer und Gabel verletzt habe.

Der Narkosearzt beschwichtigt mich: Ich werde keinen Tubus in die Luftröhre bekommen. Ich werde überhaupt keine Narkose erhalten, sondern werde nur schlafen und selbst atmen. Und er ermahnt mich, dass ich mich nach der

Fettabsaugung viel bewegen solle, damit die zugeführte und danach noch enthaltene Flüssigkeit schneller abfließt. Ich könne damit die Treppen auf und abgehen und durch den Garten spazieren, der auch im Dunkeln ausreichend beleuchtet sei. Ich bin beruhigt. So schlimm kann es also gar nicht sein, diese Liposuktion, wenn man schon eine Stunde danach fleißig herumlaufen soll und kann.

Nehme ich das auf die leichte Schulter?

Ja. Ich weiß, dass jede Demut dabei fehlt, froh und dankbar für einen gesunden Körper zu sein. Aber jetzt geht es mir nur noch darum, die Wulst, die ich manchmal Wurst nenne, loszuwerden. Mit keinem Gedanken komme ich auf die Idee, es könnte etwas schief gehen. Diese Klinik hat diese OP schon ein paar tausend Mal gemacht. Sie ist renommiert; sie kann es sich gar nicht leisten, dass etwas schief geht. Viele Prominente gehen hier ein und aus. Für sie gibt es ganz sicher weitere und schönere Warteräume, in denen sie nicht auf das gemeine Volk treffen. Was mich im Nachhinein stört ist, dass es in einem vom Klinikchef verfassten Buch über Liposuktion fast ausschließlich um weiblichen Fettverteilungsmustern an Hüften, Gesäß und Oberschenkel geht. Keine drei Zeilen widmen sich meinem Problem; „Weiterer Hautüberschuss entsteht durch die mit dem Altern zunehmende Wirbelsäulenverkrümmung durch Höhenabnahme der Wirbelkörper, Absinken der Bandscheiben und vielen weiteren Faktoren".

Tag 1
Die Liposuktion

Hinter dem lateinischen Wort verbirgt sich ganz banal die Fettabsaugung; ein Begriff, mit dem jeder liebäugelt, der beim Essen wenig diszipliniert umgeht. In Deutschland werden derzeit rund 250.000 Fettabsaugungen pro Jahr durchgeführt. Ein häufiges Einsatzfeld ist das Absaugen von sogenannten Reiterspeck-Oberschenkeln, aber auch von Bäuchen beiderlei Geschlechts. Diese Operation kann Fettdepots in einem definierten Bereich der Körperoberfläche reduzieren, die sich als resistent gegenüber diätischen Maßnahmen zeigen. Allgemeines Übergewicht lässt sich damit nicht reduzieren.

Die Geschichte der Liposuktion reicht weit in die Geschichte zurück ins alte Rom und nach Byzanz, wo Frauen lange Narben, schlimme Entzündungen und entstellende Deformationen auf sich nahmen. Nicht selten führten diese Praktiken auch zum Tod. Auch die Methoden des letzten Jahrhunderts klingen martialisch. 1976 wurden zwar schon Instrumente eingesetzt, die Fett absaugen konnten, aber mit großen Risiken, Gewebe und blutversorgende Systeme zu zerstören. Damals waren noch Bluttransfusionen und Infusionen zum Flüssigkeitsausgleich an der Tagesordnung. Und das alles natürlich in Vollnarkose. Und zufrieden waren die Kundinnen auch nur selten.

1982 stellte Marco Gasparotti seine Methode der „Superficial Liposcilture" vor. Er spritzte eine mittlere Menge Kochsalzlösung in die Hautregion ein. Diese Flüssigkeit weichte das Fett soweit geringfügig auf, dass hautnahe Fettschichten relativ problemlos abgesaugt werden konnten. Die eigentliche Revolution geschah erst 1987 durch den kalifornischen Dermatologen Jeffrey A. Klein, der die „Tumeszenz-Lokalanästhesie (TLA) entwickelte. Zum ersten Mal konnte man auf eine Vollnarkose verzichten, weil die vor dem Eingriff ins Gewebe eingespritzte Kochsalzlösung auch ein örtliches Betäubungsmittel enthielt. Gut, dass ich dieses Buch nicht vorher gelesen habe. Ich hätte meinen Wurstring noch heute.

Derzeit haben sich drei Methoden durchgesetzt;

Tumeszenz-Lokalanästhesie (TLA)
Wasserstrahl-assistierteLiposuktion WAL)
Modifizierte WAL nach Dr. Stutz

Meine Klinik arbeitet mit der TLA-Methode. Sie ist die häufigste und seit längster Zeit (etwa 1987) eingesetzte Technik zur Fettabsaugung. Hierbei handelt es sich um eine örtliche („lokale") Schmerzausschaltung („Anästhesie") während die Patientin wach und ansprechbar ist. „Tumescere" bedeutet im Lateinischen „anschwellen". Warum, ist später auf einem wenig schönen Foto zu sehen.

Es geht los

Ich soll um 12 Uhr antreten. Theoretisch hätte ich mit der Straßenbahn fahren können. Die hält wenige Meter vor der Klinik. Aber die Angst vor Corona lässt mich doch nach einem Taxi telefonieren. Und was für ein Taxi; eines mit Flügeltüren wie ein Götterfahrzeug, das fast einen Triumphzug ankündigt. Der Taxifahrer ist ein für meine Begriffe junger Mann um die Mitte 30. Sein geschichtliches Wissen ist profund. Wir diskutieren über die Römer, die Griechen und die Spuren, die sie für uns hinterließen. Unser reges Gespräch handelt von der Schweiz, der Niederlande, Apulien, von gutem Wein und gutem Essen. Im Nachhinein kommt er mir vor wie ein Götterbote, der mich ablenken soll von dem, wovon ich innerlich zittere. Als ich aussteige sage ich ihm noch: „Hoffentlich hat man gesehen, mit welchem tollen Taxi ich angekommen bin". Man hat es nicht, weil die Empfangsdame mit dem Rücken zum Fenster sitzt.

Mein Leidensdruck ist so groß, dass ich überspannt frohgemut und optimistisch eintrete, einen Scherz auf den Lippen. Ich will das so schnell wie möglich hinter mich bringen. Nennen wir es Galgenhumor. Im Wartezimmer treffe ich auf eine junge Frau, die sich die Reithosen absaugen lassen will. Wir kommen intensiv ins Gespräch, als wollten wir uns beide vor dem Eingriff ablenken. Ich werde zuerst aufgerufen und verabschiede mich fast literarisch für den Fall, dass wir uns erst in himmlischen Sphären wiedersehen. Die Schwester protestiert.

Endlich geht es los. Eine Treppe tiefer in einen kleinen Vorraum mit einer Toilette erhalte ich ein Flatterhemdchen und einen schwarzen Tanga, den ich – unerfahren mit solchen Winzigkeiten – erst einmal verkehrt herum anziehe. Vor einer Leinwand werde ich fotografiert, nackt wie Gott mich erschuf. Oder besser: was nach über 70 Jahren daraus wurde. Ich fühle mich, wie zur Schlachtbank geführt. Siehe Seiten 28-31!

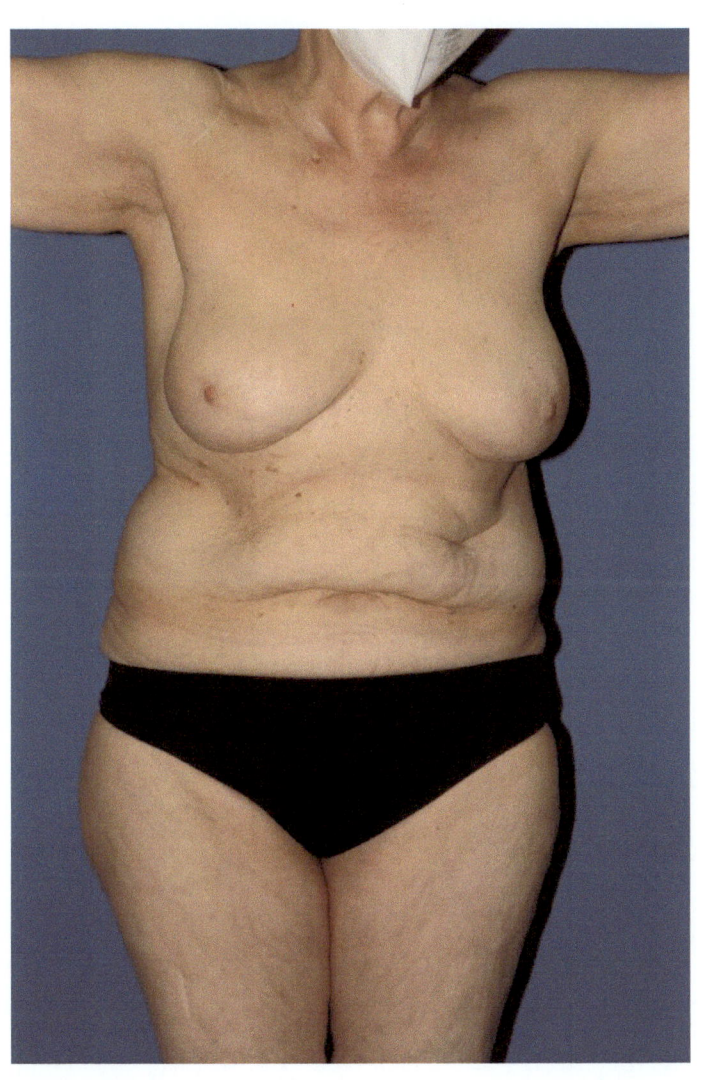

29

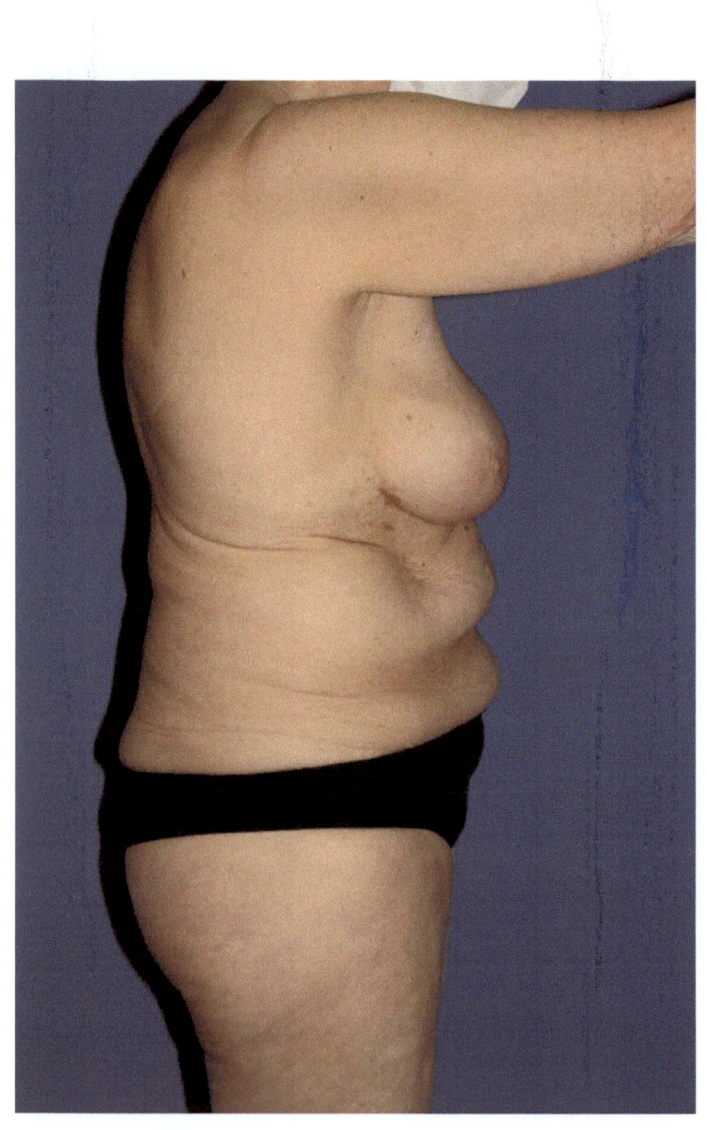

30

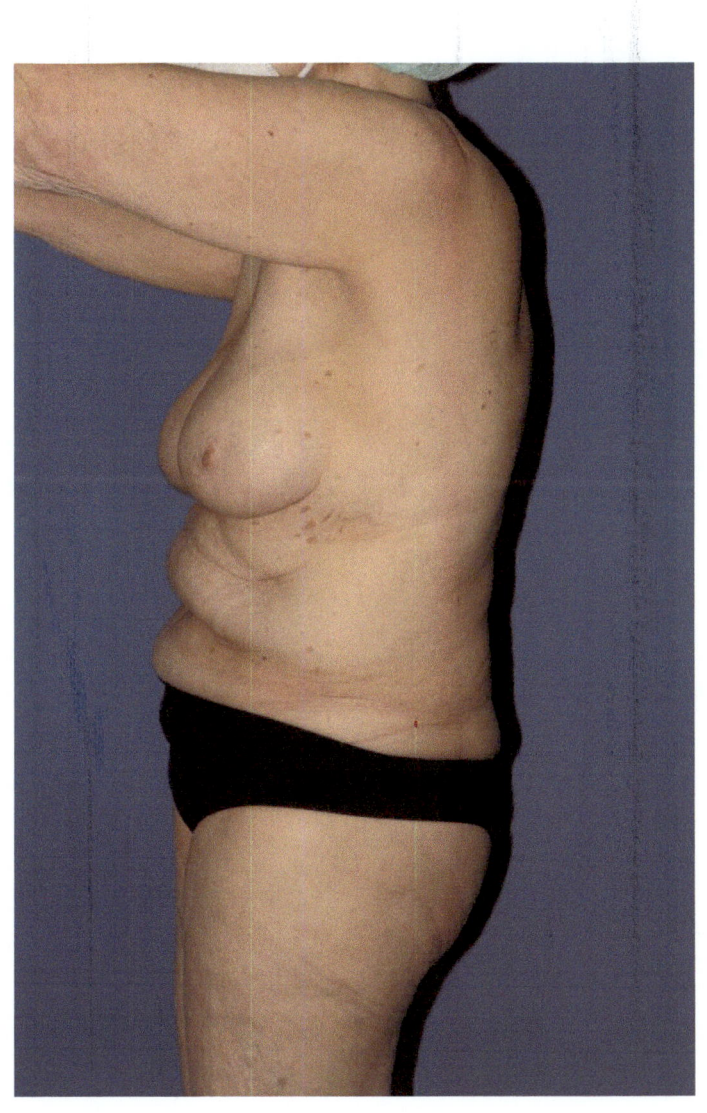

31

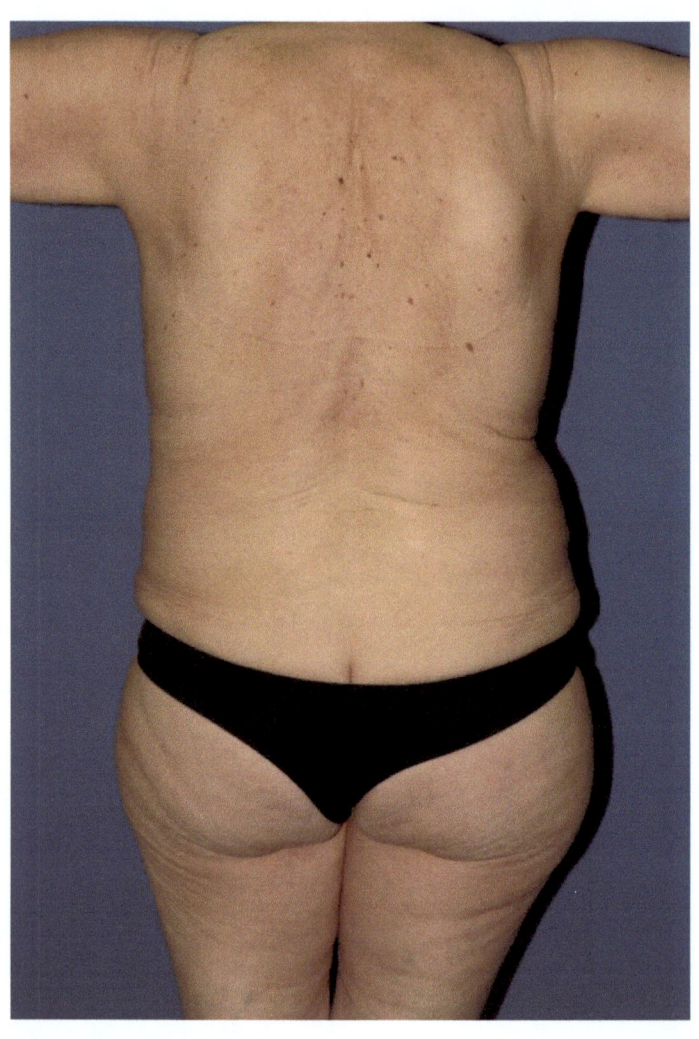

Peinlich. Dann erscheint meine Ärztin und malt mit einem blauen Permanentstift die Regionen an, aus denen Fett entfernt werden soll.

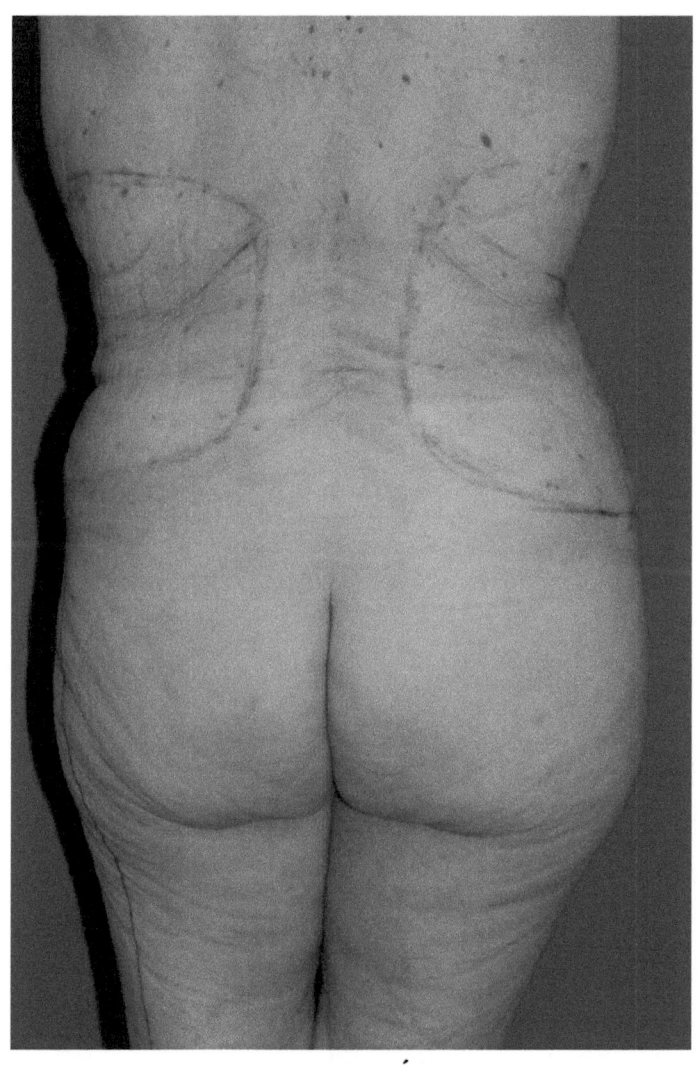

Wieder werde ich fotografiert von einer sehr jungen, gut aussehenden, gut proportionierten

Frau, die meine Enkeltochter sein könnte. Wieder peinlich.

Dann darf ich auf die OP-Liege. Sie ist dunkelrot und weich gepolstert und fühlt sich an wie ein Nest aus Frottiere. Mein Blutdruck spielt verrückt. Ich, die im ganzen Leben permanent von niedrigem Blutdruck begleitet werde, erzeuge plötzlich hohe Werte. Man beruhigt mich. Das sei die Aufregung. Der Narkose-Arzt, mit dem ich eine Woche vor dem Eingriff sprach, legt mir zwei Kanülen für ein Betäubungsmittel und nimmt etwas Blut ab für eine schnelle Laboruntersuchung. Pardauz: Da platzt mal wieder eine Vene bei mir. Ich habe lausige Venen und vergaß, ein Butterfly-Instrument zu empfehlen. Darauf kommen der Narkosearzt und sein Kollege dann auch. Es hat jedenfalls nicht wehgetan, wenngleich man die Stelle des Malheurs noch nach zwei Wochen sieht. Im rechten Arm erhalte ich eine leichte Sedierung, die mich ein wenig wurstegal macht, links ein Antibiotikum. Bakterien lauern ja überall.

Nun werde ich aufgepumpt

Durch kleine Einschnitte in der Haut, die ich aber nicht spüre, wird Tumeszenzlösung in das Unterhautfettgewebe eingeleitet. Dabei handelt es sich um eine 0,9-prozentige Kochsalzlösung, die noch ein örtlich wirkendes Betäubungsmittel in starker Verdünnung sowie andere Zusätze enthält.

Das in einer Verdünnung von 1 zu 1.000.000 zugesetzte Adrenalin (Epinephrin) zieht die Blutgefäße zusammen (Vasokonstriktion). Das reduziert die Durchblutung des Gewebes, wodurch seltener und weniger ausgeprägte Hämatome (Blutergüsse) in Folge des Eingriffs entstehen. Durch die verengten Blutgefäße gelangt pro Zeiteinheit weniger Betäubungsmittel in den Blutkreislauf. Das verlängert die Dauer der lokalen Schmerzausschaltung und minimiert die toxische Belastung des Organismus.

Ein Zusatz von Bikarbonat verhindert ein „Brennen" beim Einleiten der Tumeszenz-flüssigkeit. Und Kortison reduziert entzündliche

Reaktionen im Gewebe, was post-operativen Schwellungen und Schmerzen weitgehend vorbeugt. Triamcinolon stabilisiert den Kreislauf und wirkt euphorisierend (stimmungsaufhellend). Die Flüssigkeit enthält auch Wirkstoffe wie Lidocain oder Prilocain oder ein Gemisch aus beiden. Sie gelten als Lokalanästhetika mit einer mittleren Wirkungsdauer von 60 bis 120 Minuten. Die Schmerzausschaltung hält aber erheblich länger an, weil die Tumeszenzflüssigkeit nur langsam aus dem OP-Areal abfließt.

Neben dieser Wirkung wird auch das Fettgewebe aufgelöst („suprafasziale Hydrodissektion"). Die Flüssigkeit dringt entlang der bindegewebigen Scheidewände (Septen) zwischen den Fettläppchen (Lobuli) in das Gewebe ein. Die Fettläppchen saugen sich voll und ihre Fettzellen lösen sich voneinander. Das zum Teil feste knorpelige Fettgewebe verwandelt sich in eine weiche, gleichmäßige Masse. Der hohe Druck im Gewebe und Diffusionskräfte erzeugen ein homogenes, gelartiges Gemisch aus Fett und Flüssigkeit, wird mit einer hohlen Sonde

(Kanüle) aus dem Gewebe abgesaugt. 24 seitliche Öffnungen, verteilen die Sogkräfte gleichmäßig. Ohweia. Das habe ich noch vor mir.

Mit Musik geht alles besser?

Die Ärztin hat eine sehr gewinnende, beruhigende Art. Aus der Lautsprecheranlage ertönt Musik und sie singt und summt mit, dass ich mich gar nicht wie im OP fühle. Jetzt beginnt das Spritzen. Mit Hilfe einer computergesteuerten Pumpe wird die angewärmte Tumenszenzflüssigkeit langsam in den markierten Hautbereich gespritzt. Es müssen sehr feine Nadeln sein. Die verschiedenen Wirkstoffe sorgen nun für die optimale Vorbereitung des Gewebes. Ich merke, wie sich mein Körper unter den kleinen TLA-Gaben regelrecht aufbläht. Es tut nicht weh. Aber man fühlt sich zunehmend wie eine Weihnachts-Gans, die man mit flüssiger Farce füllt. Und genauso sehe ich nach der Prozedur aus. Schlimm. Oder eher lustig. Ich lasse mich mit meinem Handy fotografieren.

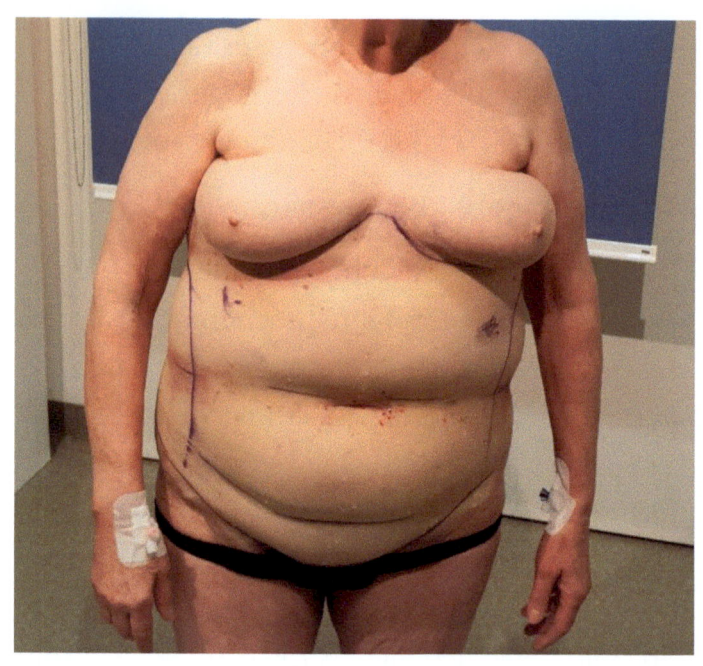

Wozu eigentlich. Das Foto kann ich niemanden zeigen, weil ich danach für verrückt erklärt werde, was ich da mit mir machen lasse. Oder vielleicht doch. Wer schön sein will, muss eben leiden.

Das große Absaugen

Danach liege ich nun etwa eine Stunde herum, gut zugedeckt und beheizt mit einem

Luftschlauch, den sie mir unter die Zudecke geschoben haben. In dieser Einwirkzeit saugen sich die Fettzellen voll wie ein Schwamm. Dann geht es weiter, etwa so, wie ich es bereits im Fernsehen gesehen habe, was für mich ziemlich brutal aussah. Als Zugang für die Absaugkanülen setzt Frau Doktor winzige kleine Hautschnitte, nicht länger als fünf bis acht Millimeter lang. Die Kanüle, mit der nun die aufgeweichten Fettzellen abgesaugt werden, kann nicht sehr dick sein, sonst hätte ich danach einen auffallenden Schnitt gesehen. Ich spüre, wie der Saugschlauch an meinen Rippen entlangfährt und an allen Passagen vorbeikommt, die blau angezeichnet waren. Es tut nicht weh. Die Ärztin arbeitet auch nicht hektisch, wie ich das schon im Fernsehen gesehen habe, sondern sehr gefühlvoll. Ich spüre förmlich, wie sie sich zwischen der Außenhaut und meinem inneren Körper bewegt. Es ist nicht unangenehm. Das Wissen, dass nun verschwindet, was mich seit Jahren belastet, ja sogar richtig belästigt, lässt mich wie ein duldsames Schaf herumliegen. Vermutlich erhielt ich auch wieder eine „Iss-mir-egal"-Spritze.

Aus dem Augenwinkel sehe ich einen Glaszylinder, der schon halb gefüllt ist mit einer gelblichen Flüssigkeit und einem trüben Anteil, der genau zeigt, wie sich das Fett von der TLA-Lösung trennt. Unwirklich erscheint dieser Zylinder, obwohl ich ihn in Fernsehsendungen schon oft genauso gesehen habe. Das Gelbe, das oben schwimmt, ist vermutlich das Fett. Ich identifiziere es auch, als die Ärztin einige gefüllte Kanülen hochhebt. Schon im Vorgespräch hatte sie mir angeboten, kleine Eigenfett-Injektionen in mein Gesicht zu setzen, gerade da, wo sich seit Jahren Augenringe abzeichnen und rechts und links am Kinn, wo sich im Alter Clownsfalten bilden. Dann zeigt sie mir noch sechs weitere Patronen mit meinem Eigenfett; die werde man einfrieren, falls ich später mal etwas an meinem Dekolleté oder eventuell an den Oberlippen-Falten machen lassen wollte. Glaub ich nicht. Es ist mir egal. Soll sie. Das alles sind nicht die wahren Probleme, die mich hierhergeführt haben.

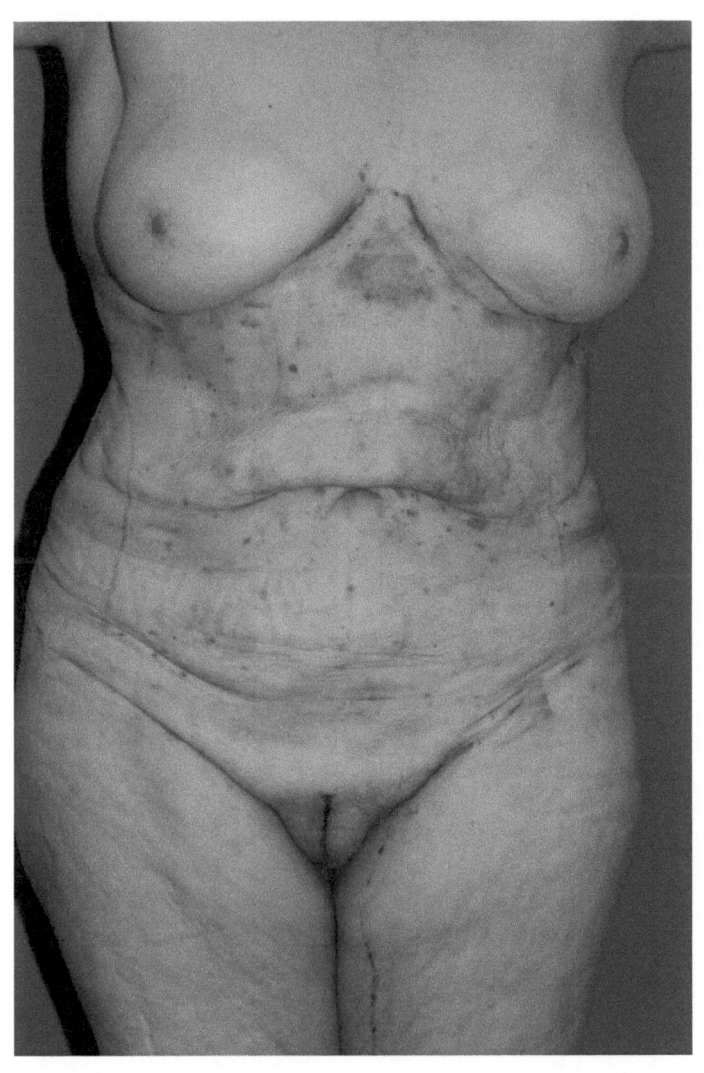

Nach der Absaugung.

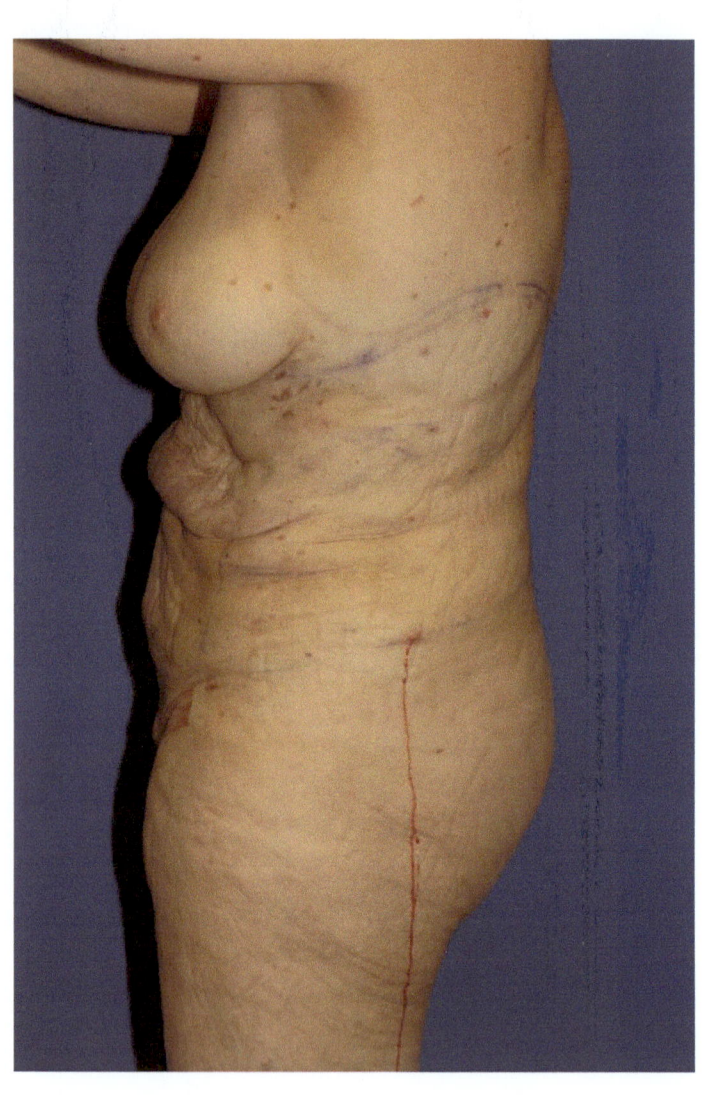

42

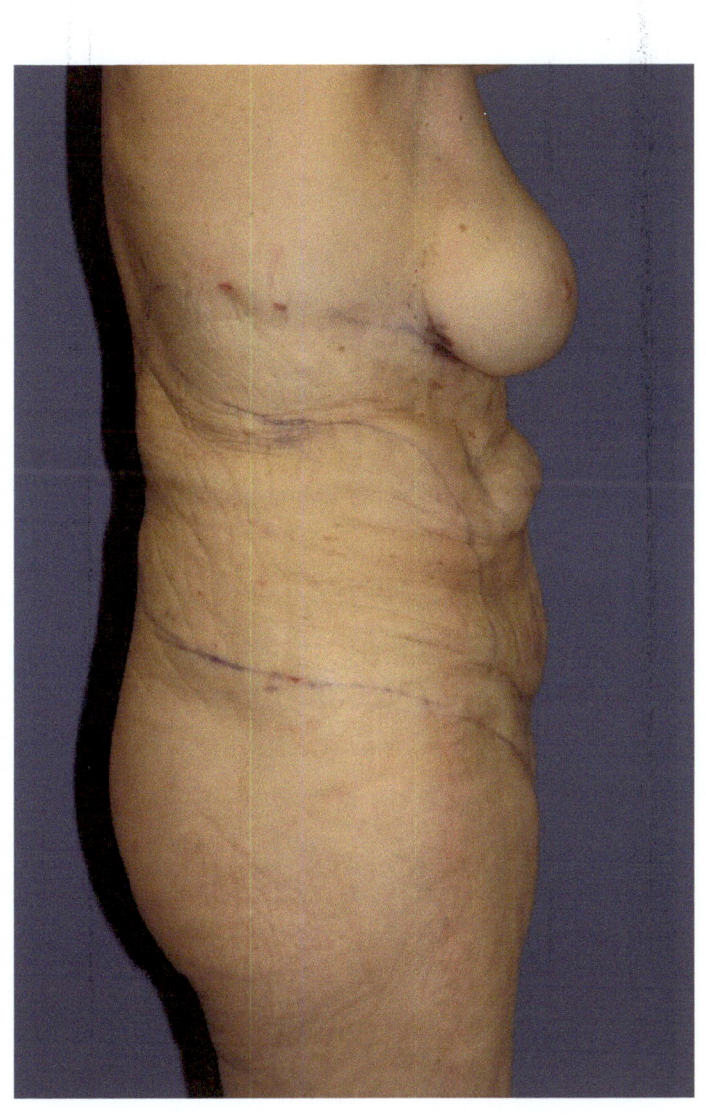

43

Dann sind wir angeblich fertig. Die Helferin und die Ärztin trösten mich und beteuern, wie tapfer ich das alles ertragen habe. Sie lassen mich noch etwas herumliegen, damit überschüssige Tumeszenzlösung aus den kleinen Schnitten herausfließen kann. Lässt diese Drainage nach, werden die Einschnitte mit Klammerpflastern verschlossen. Trotzdem wird eine weitere langsame offene Drainage stattfinden. Das ist so beabsichtigt. Und ich werde es noch spüren.

Der Narkosearzt entfernt eine Kanüle und verklebt die zwei weiteren am linken Handgelenk mit kunstvoll drapiertem Pflaster, damit ich damit schlafen kann und man mich am nächsten Tag nicht wieder stechen muss. Dann bugsieren sie mich in eine Art Netz-Korsage, schwarz, mit Trägern und angeschnittenen Beinen. Auf diese Weise wird verhindert, dass sich unkontrolliert Lymphflüssigkeit im Gewebe absetzt und Gewebetaschen, sogenannte Serome bilden; das ist ein Rückstand von Wundsekret im Bereich einer oberflächlich verschlossenen Wunde.

Große dicke Kompressen dichten die kleinen Schnitte ab und saugen die herauslaufende rote Flüssigkeit auf. Als ich aufstehe, läuft mir trotzdem die ganze Brühe die Beine herunter. Ich möchte mich entschuldigen, aber ich kann es nicht aufhalten. Ich hinterlasse ein Blutbad, wenngleich das kein Blut, sondern von Blut gefärbte Lymphe und austretende TLA-Flüssigkeit ist. Sie ziehen mir einen dunkelroten Frottiermantel an. An den Füßen habe ich noch die blauen Plastiküberzieher, die ich beim Eintreffen in den OP-Raum erhielt. Und dann stehe ich auf eigenen Beinen. Rechts und links greift mich ein Arm unter und wir gehen aus dem Raum, zwei Treppen hinauf, in das Zimmer, in dem ich die Nacht verbringen werde. Vermutlich muss jetzt jemand hinter mir die weiße Treppe wischen, denn es läuft und läuft. Fahrstuhl haben sie nicht. Aber auch den hätte ich total versaut.

Wem nach der Fettabsaugung kein weiterer Eingriff empfohlen wird, könnte jetzt schon die Klinik verlassen. Ich hörte, dass relativ viele

Patientinnen und Patienten bereits 24 Stunden nach dem Eingriff schon wieder ihrer gewohnten Arbeit nachgehen. Das hängt sicher davon ab, wie groß das Absauge-Terrain war.

In meinem Zimmer

Draußen ist es schon dunkel. Mein Zimmer liegt unter dem Dach und ist sehr gemütlich. Das weiße Bett glotzt mich an. Au weia, schon das erste kurze Hinsetzen hinterlässt eine Spur. Ich klemme mir weitere Einlagen zwischen die Beine und setze mich auf einen Stuhl vor dem Fernseher, um mich abzulenken. Ich habe keine Schmerzen. Mir ist nur kalt in den Plastik-Überziehern. Ich bitte die Schwester, mir Strümpfe und meine warmen Schuhe anzuziehen. Das sieht zwar blöd aus, ist mir aber egal.

Ich telefoniere mit meinem Mann und lüge, wie hervorragend ich mich fühle. Ich bin sicher, dass er mir nicht glaubt.

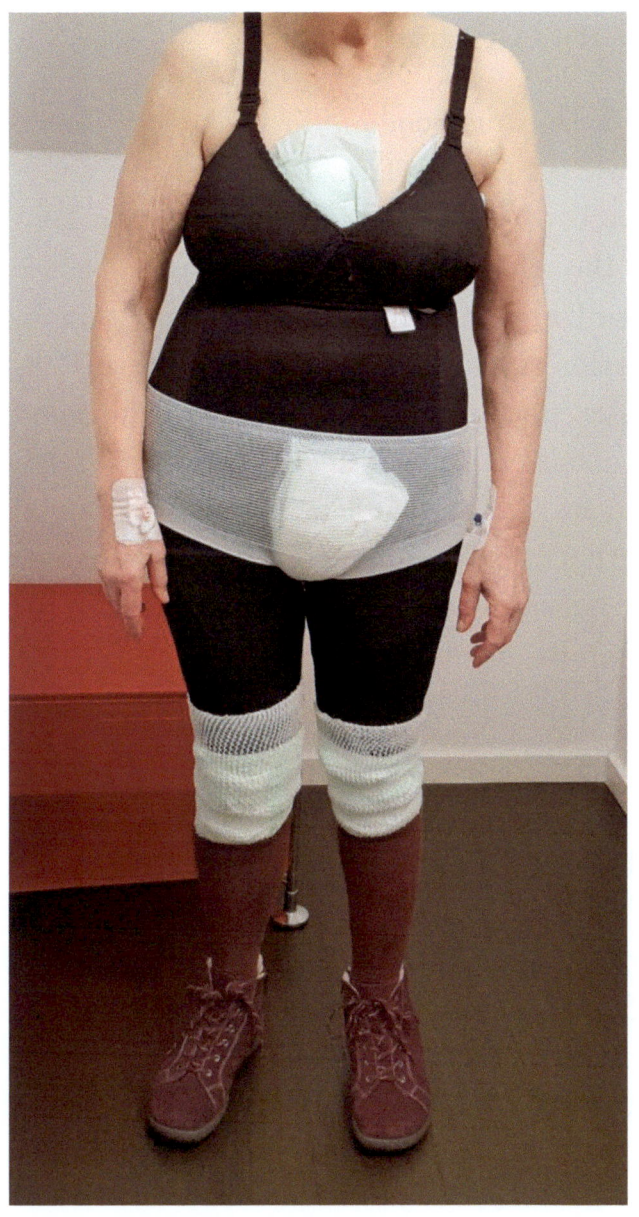

47

Frontal – fast ganz normal

Im TV läuft die Sendung Frontal, die ich auch zuhause gerne sehe. Trotzdem habe ich das Gefühl, ich würde diese Berichte alle schon kennen? Bin ich voraussichtlich geworden? So wie ich vor Jahrzehnten durch eine Infektionskrankheit hellhörig wurde? Seitdem höre ich das Gras wachsen und erschrecke mich zu Tode, wenn hinter mir jemand unangekündigt niest. Ich meine tatsächlich, sämtliche Beiträge der aktuellen Frontal-Sendung bereits gesehen zu haben. Oder haben die gemogelt und alte Berichte aus anderen Regionalsendern eingespielt?

Neben mir steht die Schwester. Ich bin im Sitzen eingeschlafen. Das fängt ja gut an. Mein Essen ist noch unberührt. Also auf ein Neues. Nach einer Weile steht die Schwester erneut neben mir. Ich bin schon wieder eingeschlafen. Mein Weinglas ist noch halbvoll. Dabei sollte ich doch im Garten spazieren gehen, hatte der Anästhesist geraten, oder die Treppen rauf und runter. Ich sehe ein, dass ich besser schlafen gehen sollte. Zaudernd schaue ich auf das blütenweiße Bett. Während ich mir noch einmal auf die Toilette helfen lasse, ziehe ich erneut eine Blutspur hinter mir. Die Schwester beruhigt mich, das sei ebenso und grundsätzlich immer nach einer Fettabsaugung. Ich solle mir keine Gedanken machen. Sie hilft mir ins Bett. Immerhin müsste ich morgen früh raus: 6.00 Uhr Duschen, kein Frühstück und dann um 7.00 Uhr Abmarsch in den OP.

Ich schlafe schnell ein und werde mehrmals wach, weil die Nachtschwester nach meinem Rechten sieht. Blutdruck messen. Alles okay. Mal wieder auf Toilette gehen. Und noch immer läuft und läuft es aus mir heraus. Jetzt begreife ich auch den häufigen Harndrang. Der Heizkörper in meinem Zimmer sollte entlüftet werden; denn er gluckert die ganze Nacht. Zusätzlich geistert mir der morgendliche Termin 6.00 Uhr durch meine hastigen Träume. Ob sie mich wecken? Ich habe auf meinem Handy keinen Wecker eingestellt. Ich weiß nicht einmal, wo mein Handy ist.

Noch im Dunkeln, es ist der 2. Februar, höre ich, wie das Haus erwacht. Türen klappen. Stimmen lachen. Ein sehr lautes Haus. Ich rechne minütlich damit, dass ich aus dem Bett geholt werde. Doch es passiert nichts. Keine Ahnung, wie spät es ist. Ich stehe alleine auf, gehe auf Toilette und lege mich wieder hin. Sie werden mich schon holen. Und dann wird es doch nach 7 Uhr, bis die Schwester mein Zimmer betritt. Sie hilft mir aus der schwarzen Korsage und wartet, bis ich mich abgeduscht und abgetrocknet habe. Wieder erhalte ich ein weißes Flatterhemdchen, allerdings kein Höschen, in das ich eine Einlage klemmen könnte. Denn noch immer rinnen rote Bächlein aus mir heraus und laufen als sichtbare Rinnsale an den Beinen hinunter. Ich spüre zwar keine Löcher, aber es sind wohl die minimalen Körperöffnungen, die noch immer die zugeführte TLA-Flüssigkeit in Verbindung mit Lymphe nach Außen freigeben. Sie sammelt sich am untersten Teil meines Rumpfes, so wie viele kleine Bäche in einen Fluss münden.

Tag 2. Die Bauchplastik

Ein bisschen mulmig ist mir schon bei dem Gedanken, dass nun die Vorder- und Teile der Sei-
tenfronten meines Oberkörpers nach unten gezogen und gekürzt und am Venushügel mit einer Naht neu fixiert werden, praktisch wie ein
Abnäher. Man nennt diese Schnittführung „an-
kerförmig". Diese Bauchdeckenstraffung wird
nötig, weil die Hautlappen meiner ehemaligen
Wulst doch nicht unerheblich groß sind und
mein Gewebe nicht mehr elastisch genug ist. Bei
einem jüngeren Menschen, egal ob Frau oder
Mann, würde sich das Gewebe der fettentsaug-
ten Partie vermutlich von alleine wieder zusam-
menziehen, so wie es nach meiner Schwanger-
schaft ja auch einmal funktionierte. Mein Nabel
wird dabei nicht verlegt, wie ich es ursprünglich
verstanden hatte, sondern es wird ein neues
Loch in die Haut geschnitten, aus dem der Nabel herausgucken kann. Klingt gruselig.

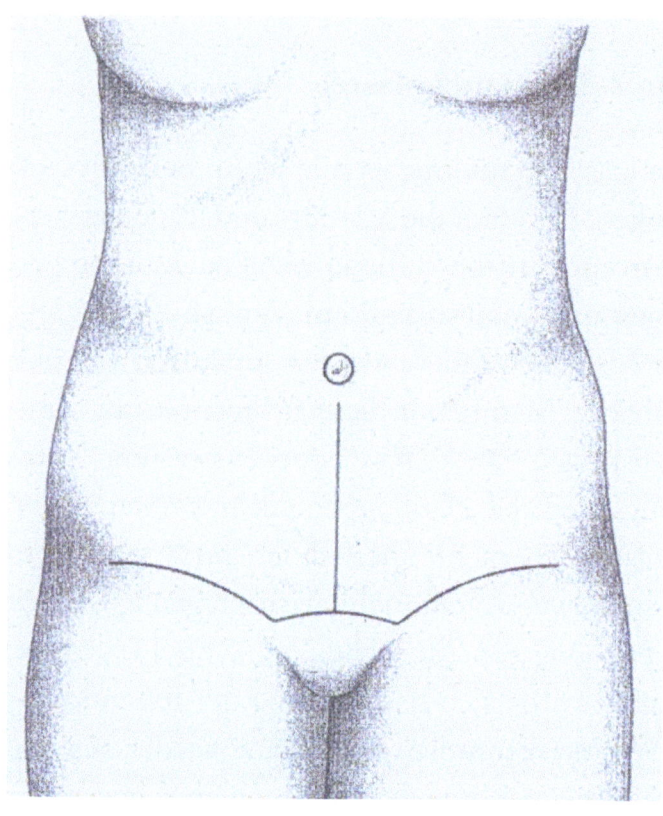

Im OP-Raum stehen schon alle bereit. Zuerst werde ich wieder fotografiert. Dazu muss ich mich wieder wie für die Verbrecherkartei vor eine Leinwand stellen: von Vorne, von Hinten, von beiden Seiten. So entfettet sehe ich richtig verhungert aus, wie mir die Hautfalten von der

Brust nach unten hängen. Meine Ärztin kommt in den Raum, frohgelaunt wie gestern, wieder mit einem gesummten Lied auf den Lippen. Zwei Helferinnen stehen ihr zur Seite. Die eine fragt: Welche Musik? Anscheinend operiert Frau Doktor nur unter Musikberieselung. Das klingt und wirkt auch auf mich etwas entspannend. Dann setzt sie sich auf einen rollbaren Hocker vor mich, greift zum farbigen Marker Stift und setzt eine Mine auf, als warte sie auch eine Inspiration oder dass sie von der Muse geküsst werde.

Ein Bild von einem Frauenbauch

Wie eine Künstlerin begutachtet sie mich, lotet meine Mitte und die Symmetrie aus. Sie fragt mich, an welcher Stelle ich mein Bikinihöschen trage, weil sie die Schnittführung in eine bestimmte Falte legen will. Ich trage keinen Bikini mehr. Wenn schon Baden, dann in einem Badeanzug. Und auch dazu habe ich nur ein einziges wahres Monster-Gerät, das mir mit festen Lycrafäden korsettartig alles zementiert, was schwabbelig ist. Frau Doktor summt vor sich hin, malt, nimmt Abstand, holt sich eine Schieblehre und vermisst Abstände, um an mir eine gewisse Symmetrie herzustellen. Einige Worte der Musik singt sie so, dass ich sie verstehe. Man merkt ihr an, wie sie sich konzentriert, um aus meinem labbrigen Körper eine Skulptur zu schaffen, auf die ich (und sie) stolz sein kann.

Ich bin undankbar. Ehrlich gesagt, ist mir das egal. Ich wollte ganz plump nur den Wulst weghaben. Aber das lasse ich nicht erkennen, weil sie so bemüht an mir herummisst und -malt. Irgendwann ist sie mit ihrem Entwurf zufrieden und ich werde erneut mit dem Schnittmuster fotografiert. Ja, es gibt einen großen Spiegel, in dem ich das verfolgen kann. So langsam steigt wieder die Angst auf, dass nun bald an mir das Messer angesetzt wird. Wo werden die Narben sein? Wie werden sie verheilen. Wird mich mein Mann mit diesen Abnähern noch attraktiv finden. Wird er mich wieder anfassen und liebkosen oder wird ihm der neue Körper künstlich vorkommen? Wie wird unser künftiges

Liebesleben aussehen? Vor allem: Ab wann können wir wieder Liebe machen, ohne dass er oder ich Angst haben müssen, dass etwas ausreißt? Ich weiß: Das ist Quatsch. Aber beim derzeitigen Anblick meines Körpers überschlagen sich Glücksgefühle, Ahnungen, Befürchtungen. Man verspricht mir eine vorzügliche Figur. Die hatte ich gar nicht vor. Ich habe nicht vor, hautenge Kleider und Oberteile zu tragen. Ich will nur diese Wulst loswerden, die mich aussehen lässt, als sei ich ein undisziplinierter Fresser. Gut: Die Wulst ist weg. Glattbügeln geht leider nicht. Zuviel Haut. Also dann. Abnäher.

Vier Stunden

Ich werde wieder in das weiche OP-Nest gebettet. Wieder bläst man mir mit dem Schlauch warme Luft unter das dünne Tuch, das meinen Körper bedeckt. Und mein Blutdruck ist wieder ganz oben. Der Narkosearzt schließt eine Infusion an die schon gestern gelegte Braunüle an. In die Venenverweilkanüle kann man zusätzlich Schmerzmittel spritzen, auch ein Antibiotikum und vermutlich auch einen Blutdrucksenker. Die Reihenfolge weiß ich nicht mehr. Als ich das nächste Mal auf die Uhr im OP schaue, ist es 12 Uhr mittags. Es sind also vier Stunden vergangen, die ich einfach verpennt habe. Ich habe nichts gespürt. Ich habe auch nichts geträumt. Der Narkosearzt erklärt mir, dass ich keine Narkose gehabt, sondern die ganze Zeit selbst geatmet habe. Ich kann es nicht fassen, dass alles, was mir solche Befürchtungen und Ängste gemacht hatte, schon vorbei ist. Ich habe keine Schmerzen. Ich bin nur müde und habe Durst.

Ich spüre um meinen Oberkörper einen Panzer wie der von einer Schildkröte. Er ist dick und fest und umschließt mich von der Brust abwärts bis zum Venushügel. Ich taste mich ab und fühle nur eine zementartige Hülle. Später realisiere ich, dass es kein Zement oder Gips ist, sondern ein kräftiges Mieder, das in drei Lagen jeweils vorne mit Klettverschlüssen verschlossen ist. Unten hängen blutgefüllte Schläuche heraus, die in kleine viereckige Plastikköfferchen münden. Die Drainage wie nach jeder OP.

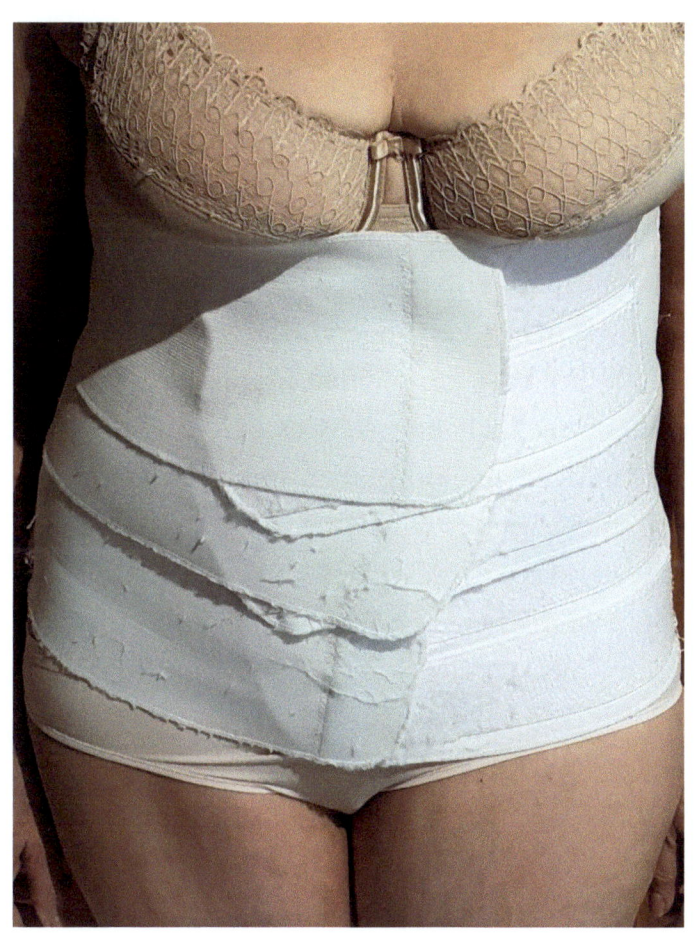

Wieder werde ich auf die Beine gestellt, erhalte den bekannten dunkelroten Frottiermantel. Die Drainage-Köfferchen stecken wieder in den aufgenähten Taschen. Wieder geleiten mich vier Arme aus dem OP-Raum, über den Flur, wo schon die nächsten Aspiranten sitzen, die weiße Treppe hinauf in mein Zimmer. Es ist ein anderes, einen Stock tiefer, etwas kleiner, aber auch intimer. Und vor allem: Die Heizung gurgelt nicht wie in der vergangenen Nacht. Mit trockenem Mund rufe ich meinen Mann an. Es klingt wohl schrecklich und schwer krank, als sei ich nicht in der Lage, normal zu sprechen. Ich räuspere mich, aber es wird nicht bessern. Jedenfalls weiß er, dass alles vorbei ist und ich im Bett liege. Ständig huschen nun Schwestern um mich herum, messen alle Stunden den Blutdruck, geben mir eine Heparin-Spritze in den Oberschenkel, bringen mir einen Wasserkrug, meinen Fettstift aus der Handtasche, um die verschorften Lippen geschmeidig werden zu lassen. Ich frage nach meinem Handy und rufe erneut meinen Mann an. Ja, nachdem ich etwas getrunken habe, klinge ich schon wieder fast normal.

Man drückt mir ein weiteres Handy in die rechte Hand, mit dem ich nach Hilfe rufen kann. Drei

Mal die Acht soll ich wählen. Ich muss auf die Toilette. Immerhin war ich über vier Stunden nicht auf der Toilette, so dass es dringend wird. Vorsichtig heben sie mich aus dem Bett und führen mich ins Bad. Auch hier gibt es keinen Haltegriff an der Toilette, nur einen Türrahmen. Gottseidank habe ich keinen Schlüpfer an und kann es einfach laufen lassen. Ich lasse mich aufrichten; man gibt mir Recht, dass es eigentlich einen Haltegriff geben sollte und will es der Klinikleitung sagen. Ich glaube nicht daran. Wer nicht die Not wie ich fühlt, begreift das nicht. Das ist wie in Hotels: Nur sehr aufmerksame Inhaber übernachten in ihren Gästezimmern; dann merken sie am eigenen Leibe, was fehlt, was fehl am Platze ist, was überflüssig ist und was mehr stört, als es hilft. Aber bin ich hier der Marketingberater? Nein.

Demut

Wenn ich ganz ehrlich bin: Ich hätte diese beiden Eingriffe nicht machen lassen, wenn ich vorher dieses Buch darüber hätte lesen dürfen.

Nicht nur, dass ich mich gerade wie ein Wurm fühle, dem sie die Haut abgezogen und die Eingeweide herausgerissen haben. Ich empfinde meinen Bauch als eine einzige Wunde. Das viele Blut des gestrigen Tages und in der Nacht. Bin ich undankbar? Noch vor zwei Tagen bin ich die Treppen in mein Büro hinaufgesprungen und wieder hinunter zur Waschmaschine. Noch vor vier Tagen joggte ich leichtfüßig meinen üblichen Vier-Kilometer-Parcours. Aber in diesem Moment fällt mir das Atmen schwer, weil dieser Panzer jede Bewegung der sich ausdehnenden Lunge unterdrückt. So muss es sich anfühlen, wenn man in die Schlaufen einer Würgeschlange geraten ist. Mit meinem Mann kann ich darüber nicht sprechen. Er ist so berührt, dass ich diesen – nach seiner Meinung unnötigen - Eingriff machen ließ, dass es ihm schwer fällt, mich zu trösten. Auch weil er sich verkneift, mir die Schuld an meinen Zustand in mein Bewusstsein zu rufen. Danke. Das könnte ich jetzt wirklich nicht auch noch gebrauchen. Also tröste ich ihn und lüge, wie gut es mir wieder gehe.

Ich döse vor mich hin und versuche einen Dialog mit dem lieben Gott aufzunehmen? Bin ich undankbar? Muss ich mich schämen, so an mir herummetzeln zu lassen? Ich habe schon vor Jahrzehnten aufgehört, Gott um etwas zu bitten, wenn es brenzlig wird. Aber ich danke, wenn etwas gelungen ist, womit nicht zu rechnen war. Ja, Dankbarkeit habe ich gelernt, an jedem neuen Tag, an dem ich ohne Schmerzen aufwache, was über viele Jahre nicht alltäglich war. Aber das ist eine andere Baustelle.

Da liege ich hier wie eine Wunde eigener Entscheidung und mein armer Körper muss sich damit arrangieren, dass er aufgeschnitten und neu zusammengenäht wurde. Gott hadert nicht mit mir. Im Gegenteil, ich fühle ihn schmunzeln. „Glaubst Du jetzt, dass Du nicht adoptiert bist?" Ja wirklich: Es sind nicht nur die verkrüppelten Fußnägel, die ich von meiner Mutter geerbt habe und der Hallux Valgus an beiden Füßen. Auch die Osteoporose, die bei mir noch eine Osteopenie ist, habe ich von ihr geerbt. Ihr Rundrücken begann ungefähr in meinem jetzigen Alter, vielleicht ein paar Jahre früher. Aber im Gegenteil zu mir hatte ihr niemand gesagt, dass sie die Entkalkung der Wirbelkörper mit der Ernährung, Medikamenten und mit sportlicher Betätigung aufhalten könne. Als sie so rund und klein wurde, war sie gerade ein paar Jahre mit einem neuen Mann verheiratet und lebte auf dem Land; beide ohne Führerschein. Es wäre kompliziert und zeitaufwändig gewesen, mit dem Bus in die nächste Stadt zu fahren, um irgendwie zum Turnen zu kommen. Ihr musste der tägliche Marsch mit dem Hund reichen; immerhin drei Mal täglich. Vielleicht hat sie das verschont, Schmerzen von ihren sichtbaren Wirbeleinbrüchen zu erleiden. Hatte sie jemals eine Knochendichtemessung? Es war wohl 1980, als es bei ihr losging. Soweit ich mich erinnere, zahlte die Gesetzliche Krankenversicherung die Knochendichtemessung erst, wenn es zu einem Wirbelbruch gekommen war. Ich erinnere mich, dass sie sich zu dieser Zeit mehrfach den Oberarm gebrochen hatte. Das Wort Osteoporose war ihr nie über die Lippen gekommen.

Ich habe sie nie auf den Rundrücken angesprochen. Ihr Arzt vermutlich auch nicht.

Und bei mir?

Die Röntgenaufnahme zeigt: Auch ich habe Wirbelveränderungen und vor allem eine seitliche Wirbelsäulenverkrümmung. Eine der Ursachen dafür ist ein Unfall mit 18 Jahren, als ich 48 Meter tief in eine Gletscherspalte stürzte und unter anderem einen Trümmerbruch am linken Unterschenkel erlitt. Damals machte man kein großes Federlesen oder Beinlänge messen, sondern gipste das Bein einfach ein. Als ich nach einigen Wochen wieder damit laufen durfte, hinkte ich notgedrungen. Erst nach einem Jahr war klar, dass dieses Bein vier Zentimeter kürzer war. Damals war ich 19 Jahre alt und die Wirbelsäule noch seitlich biegsam. Orthopädische Schuhe sahen einfach schrecklich aus. Ich war eine gutaussehende junge Frau und trug noch Röcke und Kleider und natürlich Pumps. Also versuchte ich, den Längenunterschied damit auszugleichen, dass ich links den Schuhabsatz etwas höher und rechts etwas kürzer machen ließ. Damals gab auch keine Highheels, sondern nur eine Art Ballerina mit mehr oder weniger dicken oder zierlichen Absätzen. Doch im Laufe der Zeit kümmerte ich mich nicht mehr darum und kaufte ganz normale Schuhe, die mir gefielen.

Erst etwa 20 Jahre später, als ich wegen des schon beschriebenen Hallux Valgus in eine orthopädische Klinik ging, fragte mich der beratende Arzt, warum ich denn hinke. Mir war das gar nicht mehr aufgefallen. Dazu hatte ich mir einen sehr modischen Spazierstock gekauft, mit dem ich mich abstützte, wenn mir das Sprunggelenk zu sehr schmerzte. Ich hatte mich tatsächlich mit diesen Schmerzen arrangiert und kannte es gar nicht mehr anders. Ich erzählte ihm meine Geschichte mit der Gletscherspalte und statt mich zu verabschieden, schickte er mich unverzüglich in die Röntgenabteilung. Danach eröffnete er mir, dass er mein vom Trümmerbruch verkürztes Bein verlängern und die Arthrose im Sprunggelenk durch eine

Umstellung stoppen könne. Ich will da nicht weiter darauf eingehen. Immerhin wurden mir mit diesen Maßnahmen etwa 20 Jahre Schmerzfreiheit im Sprunggelenk geschenkt. Aber meine ungleich langen Beine könnten die Erklärung sein für die seitliche Wirbelsäulenverkrümmung.

Es ist wie es ist

Jede Bewegung tut mir weh. Man hat mir das Kopfteil etwas höhergestellt, damit der Bauch rund liegt und es keine Spannung in der verkürzten Bauchdecke gibt. Es ist zwar alles genäht und verklebt, aber die Wunde ist noch frisch. Kaum zu glauben, dass ich morgen früh schon entlassen werden soll.

Jeder Gang auf die Toilette mit Hilfe einer Schwester hinterlässt blutige Spuren. Wie soll ich das nur zuhause managen? Eines ist mir klar, dass ich zumindest einige Tage nicht im Ehebett schlafen kann, sondern eher im Gästezimmer, wo ein höheres Bett steht. Ich erinnere mich, dass es noch feuchtigkeitsdichte Spannlaken in

unserem Keller gibt. Wir mussten sie nicht benützen. Sie wurden nur zur Vorsorge angeschafft, als es sie zufällig mal bei ALDI gab.
Hätte ich die nur vorher herausgesucht. Und da
existiert auch noch ein Karton mit Betteinlagen;
irgendwo oben in einem Regal. Ich telefoniere
wieder mit meinem Mann. Ich erinnere ihn an
einen zusammenlegbaren Gehbock meiner
Mutter; der könnte mir helfen, wenn ich nachts
alleine aufstehe und auf Toilette gehen muss.

Als nächstes kontrolliert ein junger Arzt meinen
Blutdruck. Alles okay. Ich mache ihn aufmerksam, dass ich nicht an das Wasserglas komme,
das man für mich vollgegossen hat. „Das werden wir gleich erledigen", sagt er und kommt
mit einem zusätzlichen kleinen Beistelltischchen
zurück. Danke. Darauf kann ich alles deponie-
ren, was ich brauche, wenn gerade keine
Schwester im Raum ist.

Ich muss wohl erneut eingeschlafen sein.
Durchs Fenster schimmern Laternen und be-
leuchten den Garten der Klinik. Die Schwester
kommt mit einer Speisekarte. Ich lese und

studiere und komme zu keiner Entscheidung. Das Essen wird von einem Restaurant angeliefert, rekapituliere ich. „Frisch Operierte nehmen gerne das gemischte Nudelgericht", rät mir die Schwester. Ich weiß nicht, wie sie heißt, obwohl sie mir alle einen Namen genannt haben. Aber ich kann sie mir nicht merken. Auch eine mir unbekannte Ärztin schaut herein, misst mir erneut den Blutdruck und meldet, dass alles okay sei bei mir. Die Nachtschwester werde mir ein Schmerzmittel geben und eine Schlaftablette. Brauche ich nicht. Die Schmerzen sind da, aber wenn sie durch eine Tablette betäubt sind, mache ich vielleicht Bewegungen, die nicht angebracht sind. Sie gibt mir Recht.

Ich lasse mir die Fernbedienung vom Fernseher geben. Reine Ablenkung. Im Ersten läuft ein Quiz mit Kai Pflaume. Leider weiß ich nicht, wie sich das Kopfteil höherstellen lässt. Die nächste Schwester greift sich ein Bedienteil, das ich gar nicht hätte erreichen können, ohne mich nach Links drehen zu müssen. Wir vereinbaren, dass wir es nicht ans Bettgestell, sondern in der

Schublade des Nachttisches einhängen. Ich werde immer selbständiger.

Das Nudelgericht wird serviert. Ich frage vorwitzig, ob ich ein Glas Wein dazu bekommen könne. Sie will nachfragen, ob ich das darf. Ich darf. Ich fühle mich schon eine Spur besser. Die Nudeln sind eine Variation aus Ravioli, Tortellini, Tagliatelle und Spaghetti, alle in einer eigenen Soße. Richtig lecker und vermutlich kein Convenience-Produkt. Ich esse es trotzdem nicht auf. Mein enger Miederpanzer setzt Schranken. Das Glas Wein reicht mir für die nächste zwei Stunden. Die Nachtschwester staunt: „Sie lassen es sich ja richtig gut gehen".

Ich telefoniere mit meinem Mann und erzähle ihm, dass es mir schon wieder richtig gut gehe. Er scheint beruhigt. Ich jedoch grüble, wie das zu realisieren sei, wenn ich morgen früh entlassen werde. Es heißt, dass man das Zimmer bis zehn Uhr verlassen solle, damit es bis 12 Uhr für den nächsten Patienten hergerichtet werden könne. Die Nachtschwester schaut alle Stunden bei mir vorbei, misst Blutdruck, öffnet mein

Mieder, um die OP-Stelle zu begutachten und begleitet mich auf die Toilette. Dabei trägt sie die beiden Drainage-Täschchen hinter mir her. Der Service ist wirklich vollkommen. Ich schlafe immer wieder schnell ein. Keine Schmerzen im üblichen Sinne, sondern eben das Gefühl, dass an meinem Bauch etwas gemacht wurde.

Selbstheilung?

Das Buch von Dr. Nobuo Shioya kommt mir in den Sinn. Der japanische Arzt beschäftigte sich Zeit seines Lebens mit der Heilkraft des Atmens. Außerdem fand er heraus, dass er den Genesungsprozess seiner Patienten auch durch positive Vorstellung beschleunigen konnte. Er selbst praktizierte bis zum 91. Lebensjahr und wurde mit seiner Methode immerhin 105 Jahre alt. Auch ich eignete mir seine spezielle Atemtechnik an, mit der ich abends schwupp-diewupp einschlafen kann. Syhioya nennt seine Methode „Die große Bekräftigung". Sie besteht aus der harmonischen Atmung und dem richtigen Einsatz eines aufrichtigen Geistes. Für wichtig bezeichnet er die drei folgenden Einstellungen:

- Über alle Dinge positiv denken. Selbst wenn unser Denken und Handeln mit einem Misserfolg endet, sollte man nichts bereuen, sondern sich bemühen, seine Lehren für die Zukunft daraus zu ziehen. Ich bin mir unklar, ob dieser operative Griff das Richtige war. Ich bereue, dass ich mich im Vorfeld nicht intensiver um Erfahrungen Betroffener bemüht habe. Vielleicht hätte es ja doch eine weniger invasive Möglichkeit gegeben, um mir das Leben zu erleichtern.

- Niemals die Dankbarkeit vergessen. Ja, es fällt einem nicht immer leicht, dankbar zu sein, wenngleich es doch unsäglich leicht ist und Gewicht von unserem Herzen nimmt, wenn man dankbar ist. So liege ich also im Bett, darf dankbar sein, dass ich das alles so gut überstanden habe, dass mich keine direkte Erinnerung an den operativen Eingriff plagt, dass ich nicht nach der OP aus der Klinik geworfen und nach Hause geschickt wurde, sondern jetzt umsorgt vor mich hindösen darf. Ich bin dankbar, dass ich mir diesen Eingriff leisten konnte, ohne mich jetzt Jahre lang finanziell krummlegen zu müssen. Und ich bin dankbar, dass um mich herum ein Klima herrscht, das mir eine gesunde und positive Prognose verspricht. Ich bin dankbar, dass mein Kreislauf mitgemacht hat und mein Herz keinen Kaspar veranstaltete. Ich bin ja nicht die Jüngste.

- Nicht nörgeln. In der Welt gibt es nichts, was für einen selbst unnütz ist. In allem Negativem, ob Verlust oder Leid, verbirgt sich etwas, was uns weiterbringt. Im menschlichen Leben gibt es nicht Unnützes.

Mit diesen Gedanken schlafe ich beruhigt ein bis zum nächsten Besuch der Nachtschwester. Sie misst den Blutdruck, hilft mir beim Trinken. Sie öffnet mein Mieder wie die Türen zu einem

Schrank. Sie schaut auf die OP-Wunde. Alles in Ordnung. Gegen Morgen stehe ich das erste Mal selbst auf und gehe alleine auf die Toilette. Irgendwie habe ich das Bedürfnis, so viel Flüssigkeit wie möglich loszuwerden, und wenn es nur ein paar Tröpfchen sind. Ohje, ein Nieser lässt mich erzittern. Ich spüre, wie sich ein Schwall an Flüssigkeit aus mir herausdrückt. Ja, es tut ein wenig weh. Aber es ist gut so. Außerdem: Nur nicht nörgeln. Alles hat seinen Sinn.

Tag 3

Ich durfte mir am Vorabend ein Frühstück zusammenstellen, das kurz nach 7 Uhr serviert wird. Ob ich im Bett speisen oder lieber aufstehen wolle? Natürlich stehe ich auf und setze mich an den Tisch. Wenn ich in ein paar Stunden nach Hause fahre, muss ich mich langsam an den Alltag gewöhnen. Danach soll ich wieder ins Bett bis die Visite kommt. Absprachegemäß beruhige ich meinen Mann, dass es mir gut gehe, was in diesem Moment „gut" auch immer bedeutet. Wenn die mich hier entlassen können, scheint mein Zustand stabil genug zu sein, finde ich. Die Ärztin kommt erst nach zehn Uhr. Wieder Mieder auf, Mieder zu. Sie ist zufrieden. Und dann kommt das Unangenehmste überhaupt: Das Ziehen der beiden Drainageschläuche. Autsch.

Pflaster drauf. Das war's. Mir wird eingebläut, dass ich dieses feste Mieder wenigstens eine Woche Tag und Nacht tragen solle. Einverstanden. Es ist ja ein wirklicher Schutz gegen Bewegungen, Drehungen, Bücken und anderes. In einer bereitgestellten Tasche ist schon alles drin, was ich für die nächste Woche benötige: vier Heparin-Spritzen, ein Set braune Klammer-Pflaster, falls die sich beim Duschen lösen. Außerdem: zehn Antibiotika-Tabletten, Unmengen an Pflastern und Kompressen in allen Größen; auch groß genug, um sie als Auslaufschutz ins Bett zu legen. Auf Schmerzmittel verzichte ich. Ein Rezept über zehn Mal Lymphdrainage für Hüfte und Taille finde ich erst zuhause.

In einem kleinen Leitfaden ist notiert, was ich die nächsten Tage tun und was besser lassen solle:

- Regelmäßig leichte Bewegung wie Spazierengehen
- Zwei bis drei Liter Flüssigkeit an den ersten Tagen nach der OP.
- Das Mieder ab der zweiten Woche unbedingt tagsüber tragen und dass man es bei 30 Grad in der Waschmaschine waschen kann. Kein Trockner, sondern auf der Heizung trocknen.
- Duschen ist bereits am ersten Tag nach der OP erlaubt. Auf Baden soll ich die

ersten zwei Wochen verzichten. Ich habe gar keine Badewanne.

- Die weißen Pflaster soll ich nach jedem Duschen wechseln, weil sie sich mit Flüssigkeit vollsaugen. Genügend Pflaster befinden sich in meiner Bereitschaftstasche.

- Mit Sport soll ich warten – gerade in der Anfangsphase soll ich mich körperlich schonen.

- Sauna, Sonne und Solarium soll ich frühestens vier Wochen nach der Fettabsaugung probieren.

- Ich erhalte eine Hotline-Nummer für frisch operierte Pateinten, die rund um die Uhr erreichbar sei. Hier meldet sich eine Schwester. Es gibt auch eine Nummer für den Ärztlichen Bereitschaftsdienst

Nach Hause

Eine Schwester hilft mir beim Anziehen. Vorausschauend habe ich eine weite Trainingshose mitgenommen, die sich am Bund durch einen Banddurchzug regulieren lässt. Schon beim ersten Aufstehen spüre ich, wie zwischen meinen Beinen Flüssigkeit herausquillt. Ich klemme mir eine dicke Einlage in den Schlüpfer und muss sie auch gleich noch austauschen. Für den Taxisitz halte ich eine große Betteinlage bereit. Wie peinlich. Und dann kommt auch noch ein ältlicher Taxifahrer, der gar nicht weiß, was er sagen soll vor Angst, es könnte seinem armen Taxi eine Sauerei passieren. Also beschränken wir uns darauf, wie er am besten fährt. Schweigen. Ich avisiere mich bei meinem Mann. Aber irgendwie bekommt der gar nicht mit, dass ich schon vor der Haustüre stehe. Ich bitte den Taxifahrer – zehn Euro Trinkgeld – dass er meine sieben Zwetschgen – (eigentlich nur zwei Papp-Kliniktaschen und mein Bordköfferchen) bitte vor die Haustüre tragen solle. Die mir im Taxi untergeschobene Einlage ist rein geblieben.

Erst mal ankommen. Mein Mann hat viele Sorgenfalten im Gesicht, die ich versuche, durch Scherze und flotte Sprüche zu bügeln. Das

Schlimmste sei vorbei. Ich gebe aber auch zu, dass ich, wenn ich geahnt hätte, was auf mich zukommt, diese OP nicht hätte machen lassen. Es tröstet ihn gar nicht.

Ich versuche, mich dem Alltag zu widmen. Jetzt nur nicht von meinen Empfindungen sprechen. Themawechsel. Wir kochen zusammen. Stehen ist sowieso besser als Sitzen. Jeder Besuch auf der Toilette hinterlässt Spuren, die ich selbst entferne. Ich habe mir eine Plastiktüte im Bad zurechtgelegt, in die ich alles verstaue, was nur in den Hausmüll darf, der verbrannt wird. Im Gästezimmer finde ich Windelhöschen sowie dicke und dünne Höschen-Einlagen meiner vor neun Jahren verstorbenen Mutter. Normale Schlüpfer sind im Nu versaut, weil die Flüssigkeiten nicht an irgendeiner Stelle, sondern aus mehreren nicht sichtbaren Öffnungen nach außen dringen. Ich bin ständig beschäftigt, etwas in kaltem Wasser einzuweichen, um es anschließend in der Waschmaschine zu waschen.

Inzwischen bin ich fest entschlossen, die ersten Nächte im Gästezimmer zu verbringen.

Zusammen bauen wir das Bett als wasserfeste Einheit um. Selbst unter das wasserdichte Laken lege ich noch einige Betteinlagen; denn die Matratze in diesem Bett ist völlig neu. Den Gehbock brauche ich nicht. Ich kann gut alleine laufen. Mein Mann bringt mir ein Nachtlicht für die Steckdose, damit es nicht vollständig dunkel ist, wenn ich mit dem Arm nach dem Lichtschalter stochere. Er hilft mir, um abends aus den Kleidern zu kommen. Vor dem Klinikaufenthalt hatte ich mir ein Sleepshirt gekauft.

Das Mieder kneift. Ich kann den Oberkörper überhaupt nicht drehen. Soll ich ja auch nicht. Gut, dass ich sowieso ein Rückenschläfer bin. Im Gästezimmer werde ich meinen Mann also nicht durch Schnarchen nerven. Eingepackt in Windelhöschen und Einlagen gehe ich schlafen. Die zwei Gläser Rotwein am Abend schenken mir die nötige Bettschwere, um schnell einzuschlafen. Dank Nachtlicht gelingt auch der Besuch der Toilette in der Nacht. Was bin ich froh, dass ich einigermaßen autark bin.

Tag 4

Ich dusche. Erst jetzt sehe ich erstmals meinen Oberkörper, nachdem ich das Mieder entfernt habe. Sieht gar nicht so schlecht aus. Nur die vielen Pflaster – fünf oder sechs - markieren die Stellen, wo die Absaugkanüle tätig war. Das erzähle ich aber nicht meinem Mann, der mir beim Tauschen der weißen Pflaster behilflich sein muss, denn ich komme nicht überall hin. Das Nabelpflaster in der Mitte wechsle ich selbst. Hier muss ich täglich eine Heilcreme auftragen. Derzeit sieht der Nabel aus wie ein schwarzes Loch. Man sieht die kleinen Einstiche, mit der Nabel und Bauchhaut zusammengenäht wurden. Sieht aus wie ein handgesticktes Knopfloch. Ist es ja eigentlich auch.

Das Auslaufen weiterer Flüssigkeit ist weniger geworden. Aber noch immer entstehen Ränder in meinen Schlüpfern, weil die Einlagen zwar mittig eingeklebt sind, die Restflüssigkeit aber nicht mittig ausläuft, sondern überwiegend an der rechten Leiste. Und jeder Nieser wirkt zusätzlich. In dem ich versuche, ihn zu unterdrücken, erschüttert er meinen Körper erst recht. Aber ich gewinne an Zuversicht, dass diese Nieser ihren Sinn erfüllen, auch wenn sie kneifen.

Ich benötige meinen Mann zum Anziehen, weil ich Sorge vor dem Bücken habe. So sieht er mich in Mieder und Pullover. Strümpfe und eine Hose bringe ich mit und er zieht mich an, während ich auf einem Stuhl sitze. Weil mir ständig etwas herunterfällt, hat er mir einen Greifarm gegeben, mit dem ich alles packen kann, was sich zu tief befindet. Damit packe ich auch meine Schuhe und ziehe sie vor mich her, damit er sie mir anziehen kann. Es sind Schuhe mit Klettverschluss, die ich selbst ausziehen kann. Es schmerzt mich, wie besorgt er ist und wie übervorsichtig er an mir hantiert. Ich fühle die Schuld in mir, dass ich uns in diese Situation gebracht habe. Es ist ein sehr ernster Tag. Wir schaffen es nicht, über irgendetwas zu lachen.

Das Treppensteigen geht schon ganz gut. Auch das Sitzen. Nur der Übergang vom Stehen zum Sitzen und vom Sitzen zum Stehen nötigt mir ein Ächzen ab. Mittlerweile schmerzt mein vorderer Oberkörper, als sei er voller Hämatome. Man sieht aber nichts.

Wir haben genügend Lebensmittel im Haus, um nicht einkaufen zu müssen. Trotzdem ermutige ich meinen Mann, der nicht mehr gerne Auto fährt, dass wir zu Fuß zum nächsten Laden gehen könnten um eine fehlende Kleinigkeit einzukaufen. Schließlich soll ich mich ja bewegen.

Wir machen uns untergehängt auf die Socken. Es hilft meiner Psyche, so fast normal zu laufen. Nur leider ist es lausig kalt und meine Schlüpfer-Einlage scheint zu gefrieren.

Eigenfett im Gesicht

Ich bin ein wenig enttäuscht, dass man so gut wie nichts sieht von der Eigenfett-Infektion, die mir die Ärztin unter den Augen und an den Mundwinkeln eingebracht hat. Nur mein Mund sieht etwas merkwürdig aus, kleiner als gewohnt, als habe sich tatsächlich rechts und links etwas aufgepolstert.

Tag 5

Es ist Freitag und wir benötigen doch einige Dinge fürs Wochenend-Frühstück, das bei uns etwas opulenter ausfällt, als in der Woche. Ich bemühe mich sehr, das ganz normale Leben fortzuführen. Wir reaktivieren einen alten Wander-Rucksack, damit wir die Hände in die Taschen stecken können. Denn es ist empfindlich kalt draußen geworden. Ich traue mich noch nicht, mir die Schuhe selbst anzuziehen. So fällt mir auch nicht auf, dass ich meinem Mann Winterschuhe zeige, aus denen ich die Einlegesohlen entfernt habe, damit meine Einlagen hineinpassen. Erst unterwegs merke ich an der Kälte, die in meine Fußsohlen dringt, dass ich weder Einlegesohlen noch Einlagen im Schuh habe.

Ich war noch kein einziges Mal in meinem Büro im ersten Stock. Kein Interesse, die E-Mails zu checken. Der Tag vergeht, in dem ich die Tageszeitungen der letzten Tage nachlese und Fernsehen schaue. Es sind Formate, die ich noch nie gesehen habe, weil ich tagsüber normalerweise am Schreibtisch sitze und arbeite. In Peking beginnt die Olympiade. Wir werden uns trotzdem nicht in der halben Nacht an den Fernseher setzen. Die Talkshow im NDR um 22 Uhr wiegt uns in den Schlaf. Wieder präpariere ich ein neues Windelhöschen und mein Bett für die Nacht. Ich bin nicht gewöhnt, alleine zu schlafen. Es ist gespenstisch, dass niemand neben mir atmet. Irgendwie fühle ich mich fremd zuhause.

Tag 6

Herumdösen vor den Fernsehbildern der Olympiade in Peking. Es ist sowieso Sonntag. Irgendetwas essen. Ich bemühe mich, unterhaltsam zu sein, obwohl ich einen argen Hänger habe. Krise. Das Mieder kneift. Richtig dicht bin ich noch immer nicht. Mehrmals ziehe ich mich um und lege mich trocken. Ständig schlafe ich im Fernsehsessel ein.

Erschreckt beobachte ich, dass mein Gesicht etwas geschwollen ist. Das merkt man daran, wenn man mit den Augen ohne Spiegel auf die Wangen schauen kann. Auch am Kinn wabert etwas unter der Haut. Ich greife zu meiner gewohnten Creme und beginne, mein Gesicht zu massieren, zu streichen und zu modellieren. Es fühlt sich komisch an. Aus Sorge, dass da etwas falsch gelaufen sein könne, wähle ich die Notnummer der immer erreichbaren Klinikschwester und schildere ihr die Schwellung in meinem Gesicht. Sie rät mir, es zu kühlen. Und tatsächlich lassen die Schwellungen etwas nach. Aber normal schaue ich noch nicht aus.

Tag 7

Heute will ich erstmals Autofahren. Der Sitz ist ziemlich weit nach Hinten gerückt. Ich kann mich gar nicht erinnern, dass ich ihn so eingestellt habe. Mein Mann? Das Einsteigen gelingt gut. Problem ist nur, dass ich mich wegen des strammen Mieders nicht weit genug nach Links drehen kann, wenn ich rechts in eine Vorfahrtstraße abbiege. Wir fahren zum Gedächtnistraining, das wir einmal pro Woche besuchen. Vorher habe ich noch kräftig mit einem Gelkissen mein Gesicht gekühlt. Damit mein Windelpaket nicht auffällt, trage ich wieder die weite Trainingshose und eine Schlabberbluse über dem Shirt. Niemand merkt, dass ich etwas komisch auf meinem Stuhl sitze und auch mein Gesicht verändert ist. Bei den Bewegungsübungen in der Pause mache ich nur ein bisschen mit. Auch das fällt nicht weiter auf, vielleicht meinem Mann. Am Ende der Sitzung spüre ich Flüssigkeit in meiner Trainingshose. Ich bin also noch immer nicht dicht. Ich richte meine Höscheneinlage auf der Toilette, denn wir wollen noch in ein Geschäft zum Einkaufen gehen. Zuhause muss ich mich gleich umziehen, weil die Trainingshose richtig nass ist. Ich wechsle um auf meine Jogginghose, die in der Taille ebenfalls weiterverstellbar ist; denn das Mieder trägt schon etwas auf. Geduld fällt mir schwer. Aber ich muss dankbar sein, dass die Schmerzen langsam nachlassen.

Tag 8

Heute soll meine erste Lymphdrainage sein. Ich kenne den Physiotherapeuten schon seit Jahren.

Er massierte mir regelmäßig mein steifes Genick. Jahrelang hatte ich damit zu tun und konnte mich im Auto nur mit beiden Außenspiegeln orientieren. Er hat es wunderbar hingekriegt, dass ich den Kopf wieder wie fast normal drehen kann. Wegen Corona habe ich allerdings die wöchentliche Behandlung unterbrochen. Und nun also Lymphdrainage. Die brauchte ich schon einmal von ihm, als vor einigen Jahren an meinem Meniskus herumoperiert wurde. Ich sage trotzdem den Termin ab, weil ich noch immer nicht dicht bin und Sorge habe, dass ich ihm während der Lymphdrainage nicht nur mein Handtuch, sondern die ganze Liege versaue.

Tag 10

Noch immer finde ich wenig Interesse, in mein Büro zu schauen. Das Angebot der olympischen Spiele lenkt ab. So viel Fernsehen habe ich noch nie in meinem Leben geschaut. Vielleicht liegt es auch daran, dass ich meine jeweilige Körperhaltung nicht ändern möchte. Wenn ich sitze, dann bleibe ich lange sitzen. Der Fernsehsessel ist so bequem, dass ich regelmäßig darin eindöse. Ich nehme mir vor, wieder etwas aktiver zu werden. Schon am Morgen treffe ich die Entscheidung, wieder ins Ehebett zurückzukehren. Der Bauch kneift mich zwar immer noch, wenn ich mich aus dem Bett quäle, aber ich möchte endlich zurück zur Normalität. Für alle Fälle lege ich unter mein Laken eine wasserundurchlässige Betteinlage. Man weiß ja nie. Wir haben zwar Matratzenschoner, aber die Matratzen selbst sind ziemlich neu und waren sehr teuer.

Tag 12 bis 14

Ich sehe mich noch immer selten lächeln. Die Situation um meinen Bauch strengt mich mehr an, als ich es mir hätte eingestehen wollen. Kein Gefühl von Gewohnheit macht sich breit. Ich sitze wieder häufiger am Schreibtisch und tippe in meinen Computer; auch weil ich mich doch entschlossen habe, über diesen Eingriff zu schreiben und möglichst wenig vergessen will, was mich in diesen Tagen negativ oder positiv beeindruckt. Ich habe das Gefühl, dass sich nichts bessert. In knapp vier Wochen will ich nach Dubai fliegen. Wie soll das bloß werden. Manchmal bilde ich mir morgens ein, dass sich das Gefühl bessert. Aber dann meldet sich der stechende Schmerz an meiner rechten Lende. Ich mache mir Sorgen, dass ich durch mein frühzeitiges Autofahren etwas initiiert habe, was mich nun Tage zurückwirft.

Tag 15

Heute habe ich die erste Lymphdrainage. Was wird mein Physiotherapeut sagen? Wie soll ich ihm das erklären, was ich gemacht habe? Ich zeige ihm das Rezept und helfe beim Entschlüsseln. Es geht um Taille und Hüfte. Was soll ich ausziehen? Ich lege mich in Söckchen, Schlüpfer und BH auf die Liege. Er meint, das ginge so. Und dann erzähle ich ihm die ganze Sache. Eigentlich müsste er sich ja erinnern können an meine Wülste. Oder auch nicht, denn die Nackenmassage machten wir stets auf dem Rücken liegend, Kopf und Nacken in einer Schlinge. Dabei fielen die Wülste nach rechts und links.

Aber bei der zweiten Hälfte der Massage, für die ich mich auf den Liegenrand setzte, muss er sie gesehen haben. Aber - registrieren Physiotherapeuten so etwas? Da gibt es sicher schlimmere Gestalten in seiner täglichen Praxis. Wir reden wie immer über Gott und die Welt. Er erzählt, dass er bisher nur einmal eine Lymphdrainage nach einer Fettabsaugung behandelt habe: einen Mann. Ich denke für mich, dass Frauen in diesem Fall vermutlich lieber zu einer Frau gehen. Ich erzähle ihm, der auch Heilpraktiker ist, von dem stechenden Schmerz in der rechten Lende. Er meint, dass an dieser Stelle die Galle säße. Ich falle aus allen Wolken. Bloß jetzt nicht noch eine Baustelle. Ich hatte noch nie Gallenprobleme.

Tag 16

Wieder ein Visite-Tag in der Klinik. Die OP ist nun zwei Wochen her. Heute sollen die Fäden gezogen werden. Auch wenn das normalerweise immer unangenehm ziept, bin ich richtig wild darauf. Endlich ein Tag, wo man einen Fortschritt spürt. Das Fädenziehen tut überhaupt nicht weh. Vielleicht habe ich bisher einfach immer nur grobe „Handwerker" erlebt. Allerdings hat sich unter dem Nabel-Pflaster eine wunde Hautstelle ergeben. Ob ich das Pflaster immer sehr rigoros abgezogen hätte? Überhaupt nicht. Niemand macht meine Pflaster so zart ab wie ich selbst. An der Anker-Naht zeigt sich rötliches Sekret. Ich bekomme eine braune Heilsalbe drauf.

Noch bevor die Ärztin kommt, frage ich die Schwester, was wohl bei diesem noch immer anhaltenden Stechen vor einigen Tagen passiert sein kann? Sie meint, dass da vielleicht eine Faszie gerissen sein könne.

Was sind Faszien?

Faszien sind Bindegewebe. Sie umhüllen die Muskelfasern, Faserbündel und ganze Muskeln und betten Organe ein, zum Beispiel den Herzbeutel. Lange Zeit wurden sie lediglich als eine Art weiße Haut betrachtet, die Chirurgen durch- oder abschnitten, um bei einer Verletzung oder Krankheit zum eigentlichen Behandlungsobjekt vorzudringen. Seit einigen Jahren sehen immer mehr Experten sie jedoch umfassender oder, gemäß dem Zeitgeist, ganzheitlicher: nämlich als dreidimensionales Netzwerk aus weichem, kollagenhaltigem, lockerem und dichtem faserigem Bindegewebe, das den Körper als System von den Zehen bis zum Hinterkopf durchzieht und Organe, Haut und Knochen verbindet. Nun, unter der Haut war der Fettabsauger. Wäre es also möglich, dass so ein Faszienbündel beim Absaugen verletzt oder gereizt wurde?

Faszien gelten vielen nicht mehr nur als rein passiv umhüllend, sondern als ein aktiv auf mechanische und biochemische Einflüsse reagierendes System – das bei einer Störung seiner Funktion sogar Schmerzen verursachen könnte. Aha. Eine Erkenntnis ist, dass das Fasziensystem Nervenfasern enthält, also Schmerzzustände ans Gehirn leiten kann. Ich habe keine Ahnung, aber diese Vorstellung fließt in mein Denken ein. Ich werde es wohl nicht erfahren. Ich vergesse auch, die Ärztin danach zu fragen. Vielleicht bei der nächsten Visite, wenn es dann überhaupt noch wehtut.

Zwischen Nabel und Anker-Naht ist die Haut gerötet, wenn auch nicht druckempfindlich. Dafür erhalte ich eine neue Tube der Salbe, die ich die Tage 3 bis jetzt jeweils auf den Nabel gestrichen habe. Dafür eine Packung Kompressen und eine spezielle hellbraune Pflasterrolle, dessen Band so dünn ist, dass man es mit den Fingern abreißen kann. Anweisung: Diese Stelle täglich zu duschen und die Salbe mit Kompresse auf dem Unterbauch zu befestigen. Wir sehen uns in einer Woche wieder. Die erneut verordneten fünf Tage Antibiotika vergessen wir alle. Ich erhalte sie später per Post.

Tag 17

Das Aufstehen fällt mir noch immer schwer. Vor allem das Mieder behindert mich sehr beim Atmen. Ich habe ständig das Gefühl, ich hätte zu viel gegessen. Das passiert mir auch beim Mittagessen; ich schaffe meinen Salat nach dem Hauptgang fast nie und lasse ihn bis zum Abend stehen. Ich weiß, dass es nicht sonderlich gut für die Verdauung ist, am Abend rohe Salate zu essen. Er gärt, fault und erzeugt übelriechende Blähungen.

Ich schmökere wieder in meinem „Kleinen Leitfaden". Beim Punkt Mieder steht: Tragen Sie es

eine Woche Tage und Nacht." Und kleiner ge-
druckt: „Anschließend für weitere ein bis drei
Wochen tagsüber, wie es für Sie am angenehms-
ten ist." Upps. Ich trage es selbst am 16. Tag
noch nachts und frage mich dauernd, wie ich es
laut Anregung bei 30 Grad in der Waschmaschine waschen soll, wenn ich es permanent
trage." Ich rufe die Hotline an. Erleichtert höre
ich, dass ich es nachts nicht tragen müsse. Warum ist mir das nur nicht aufgefallen. Ein bisschen ängstlich aber auch erleichtert entferne ich
das Mieder am Abend und lege mich vorsichtig
hin. Das Extrakissen unter den Kniekehlen habe
ich noch immer im Bett. Es soll Spannung in der
Bauchregion verhindern. Ich schlafe ganz wunderbar. Ein bisschen vorsichtig stehe ich nachts
auf, um auf Toilette zu gehen. Es ist so unge-
wohnt, ohne Mieder aufrecht zu gehen. Pa! Das
hätte ich also schon eher haben können.

Tag 19

So langsam werde ich vorwitzig und probiere
Blazer an, die mir seit einigen Jahren wegen der

Wulst zu eng geworden waren. Gottseidank habe ich sie nicht in die Altkleider-Sammlung des Roten Kreuzes gebracht, wie so viele schöne Dinge, die mir jetzt passen könnten, zum Beispiel etliche taillierte Oberteile und Kleider. Trotz des dicken Mieders kann ich sie wieder problemlos schließen. Erstmals kommt Glücksgefühl in mir auf.

Ich habe mich bisher nicht gewogen. In meiner Fantasie sollte ich wenigstens drei Kilo leichter sein. Aber ich weiß auch, dass ich die letzten zwei Wochen in Sachen Essen weniger diszipliniert gelebt habe. Irgendwie musste ich mich trösten. Vor allem ließ ich mich von einer unbändigen Lust zu Kochen treiben. Ich habe auch beim täglichen Espresso nicht auf den üblichen Trüffel verzichtet, wie seit Anfang des Jahres. Das Kribbeln und Jucken an Partien außerhalb des Mieders hätten mich eigentlich warnen müssen. Das sind typische Zeichen, wenn Fettzellen anschwellen. In meinem Hinterkopf arbeiten die kleinen grauen Zellen. Jetzt nur nichts falsch machen. Ich nehme mir die

Unterlagen der Klinik zur Hand, in denen über die Fettabsaugung und die Erfolge danach geschrieben steht.

Anschwellungen im Operationsgebiet sind bis zum dritten Tag nach der Fettabsaugung normal. „Durch die körpereigenen Heilungsvorgänge und durch das Tragen des Kompressionsmieders nimmt diese Schwellneigung in den kommenden Wochen stetig ab. Allerdings können Schmerzen, Spannungszustände und leichte Schwellungen bisweilen auch über mehrere Monate, bis zu einem halben Jahr andauern. Die gelenknahen Körperregionen seien davon am stärksten betroffen." Ohje. Meine Stimmung sinkt.

Die Fettabsaugung entfernt Fettzellen dauerhaft. Sie wachsen nicht nach. Trotzdem ist es möglich, dass sich die Körperkonturen durch Gewichtszunahme ändern, auch durch Änderung des Hormonhaushalts.

Ernährungsbedingte Gewichtszunahme führt zur Auffüllung der verbliebenen Fettzellen und

zu einer erneuten Zunahme der Fettgewebe-
schicht – auch im operierten Gebiet. Aha.

Tag 20

Ich wiege mich und falle fast von der Waage. Es
sind 63 Kilo; genauso viel wie vor der Fettabsaugung. Wäre ich nur früher auf die Waage gegangen. Also sofort wird die Bremse reinge-
hauen. Keine salzigen Chips am Abend, kein
Schoko-Trüffel nach dem Espresso. Portionen
verkleinern. Am nächsten Morgen sind es schon
500 Gramm weniger. Also doch auch eine Frage
von eingelagertem Wasser?

Tag 21

Heute bin ich angemeldet, einen Anzugblazer
zum Ändern zu bringen. Um der Realität möglichst nahe zu sein, ziehe ich anstatt des Mieders
ein Korsett an, dass meinen Oberkörper zwar
auch fest zusammenpresst, aber weniger auf-
trägt. Zur Probe ziehe ich den Blazer an und bin
ganz erstaunt, dass er gar nicht so weit ist, wie

ich mir das vorstellte. Ich probiere andere Blazer an. Und sie passen alle wie angegossen, wie früher vor einigen Jahren teilweise sogar sehr leger. Ich verstehe die Welt nicht und frage meinen Mann. Auch er findet die Jacke genau passend. Erst beim Untersuchen des Etiketts merke ich, dass dies nicht die vermeintliche Größe 42 ist, sondern meine ursprüngliche 40. Das beruhigt mich ungemein. Ich finde mich das erste Mal seit 21 Tagen gutaussehend. Und nun kann ich auch wieder lächeln, wenn ich an einem Spiegel vorbeigehe.

Tag 22

Wieder 500 Gramm weniger. Ich merke es an meinen Hosen, dass sie trotz voluminösem Klett-Mieder richtig weit sitzen. Die geröteten Stellen unter dem Nabel verblassen unter der täglich erneuerten Salben-Kompresse. Dafür nässt die Quernaht, die Oberkörper und Unterkörper neu zusammengebracht hat, noch immer.

Die Nacht war wunderbar. Schon wegen Sturm „Antonia" wurde ich mehrmals wach und streichelte über meinen schlanken, straffen Bauch, der platt wie ein Brett ist. Ich hatte mir zwar als moppeliger Teenager manchmal gewünscht, ich würde aufwachen und sei gertenschlank. Aber erst jetzt empfinde ich diese Verwandlung hautnah und realistisch. Und das jenseits der 70. Merkwürdigerweise bekomme ich gegen Morgen neuerdings immer einen Krampf in der rechten Wade, selbst wenn ich vor dem Schlafengehen ausgiebige Dehnübungen mache. Da hilft nur, schleunigst in die Horizontale zu kommen.

Einerseits empfinde ich es als schade, dass ich mich in diesen kalten Februartagen in warme dicke Jacken verstecken muss. Andererseits sagt mir mein gesunder Menschenverstand, dass die endgültige Heilung noch ein wenig Zeit braucht. Ich gehe zwar täglich auf den Crosstrainer, aber noch nicht auf die Rüttelplatte. Und an Joggen mag ich gar nicht denken. Auch das kommt wieder. Schade, dass ich im vergangenen Jahr ein umfangreiches Set schmaler Leibchen verschenkt habe. Was soll's. Die ganze Welt ist voller Jogging-Leibchen und außerdem benötige ich wirklich nur zwei.

Nach dem durchaus kritischen Bewerten dieser OP an den ersten Tagen, mehrt sich nun das Gefühl, richtig entschieden zu haben. Das Mieder empfinde ich gar nicht mehr so lästig. Ich trage es einfach weiter, um den Heilungsprozess zu beschleunigen. Heute Nachmittag ist die nächste Lymphdrainage fällig. Ich bin überzeugt, dass sie beigetragen hat, dass weitere Flüssigkeit aus meinem Körper entweicht. Noch vor einer Woche schaukelte Flüssigkeit in meinem Unterbauch bis zum Venushügel. Diese Menge hat sich eindeutig verkleinert.

Heute zweite Lymphdrainage. Sie soll überschüssige Flüssigkeit abtransportieren. Mein Physiotherapeut macht das sehr behutsam, auch weil ich in der Mitte der Naht noch eine Stelle habe, die irgendwie verkrustet aussieht. Als ich wieder nach Hause komme, sehe ich einen kleinen Blutfleck aus dieser Narbe.

Tag 23

Wieder mal Kontrollvisite in der Klinik. Die Ärztin ist ganz erstaunt, dass ich noch immer das weiße Klettverschluss-Mieder anhabe. Ich sollte doch schon längst das schwarze Ganzkörper-Mieder tragen. Das habe ich irgendwie nicht mitgekriegt. Bei der Untersuchung der Naht stellt sie fest, dass da noch immer ein vorwitziges Fädchen in der Narbe hängt. Dann bastelt sie an der Narbe herum. Ja, da habe sich eine kleine Kruste gebildet, die sie nun versucht, abzutragen. Ich sehe davon freilich nichts. Ich spüre aber auch kaum etwas, weil die Haut hier noch sehr gefühllos ist. Sie lässt sich von ihrer Assistentin eine Packung Varihesive holen. Das ist so ein primärer Hydrokolloid-Wundverband für trockene bis leicht exsudierende, Flüssigkeit absondernde, Wunden. Sie legt es auf die neu eröffnete Wunde. Das Pflaster soll ich bis in zwei Tagen drauf lassen, wenn sie mich wiedersehen will. Bis dahin an dieser Stelle nicht duschen. Also zum Füße Waschen kann ich auch ins Bidet gehen. Aber die Haare, die wären fällig.

Zuhause mache ich mich an das schwarze Mieder. Warum eigentlich schwarz? Das gibt es auch in Weiß. Aber egal. Es ist jedenfalls das gleiche Modell, in das ich direkt nach der Fettabsaugung gehievt wurde.

Zaudernd erblicke ich die Größe M. Ob das nicht zu klein ist? Normalerweise trage ich Large. Ohne Zuschauer mühe ich mich im Gästezimmer damit ab. In die Beinlinge komme ich ziemlich schnell. Aber der restliche Körper?

Eigentlich bräuchte man irgendwelche Schlaufen, um es hochziehen zu können, vor allem über das OP-Feld, wo ja jetzt auch noch ein Pflaster sitzt, das ich nicht verschieben will. Vermutlich ächze ich so laut, dass mir mein Mann zu Hilfe kommt. Wir schütteln uns vor Lachen: Da hilft auch kein Schuhanzieher. Mit vereinten Kräften sitzt das Monstrum dann schließlich da, wo es sitzen soll. Ein BH-Teil ist eingearbeitet. Nun nur noch die hinten angebrachten Träger vorne in die BH-Teile einhängen. Es ist nicht weniger einengend als das Klettverschluss-Mieder, aber man kann sich damit besser bewegen. Und man fühlt sich sicher, dass die Haut nun wirklich ohne Falten an den Körper gepresst ist. Ich hoffe, das Ding wird nach der nächsten Wäsche etwas gefügiger.

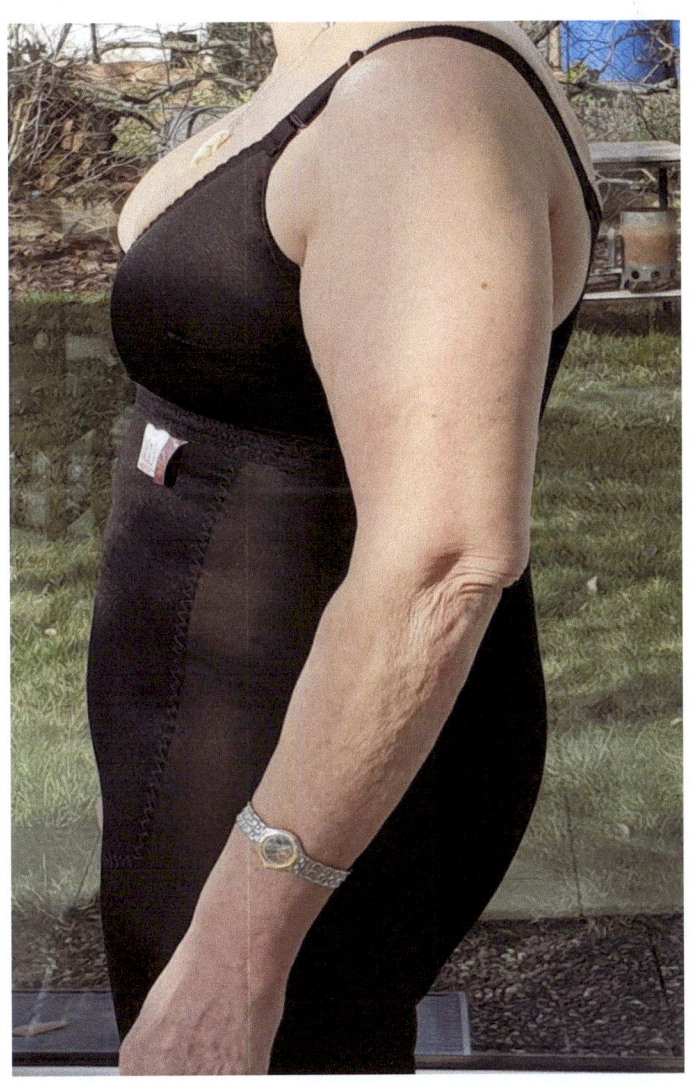

Das Loch-Missverständnis

Zwischen den Beinen befindet sich ein größeres Loch im Mieder. Es ist so groß wie zwei Fäuste und damit kann man also auf der Toilette pieseln; das habe ich ja bereits in der Klinik auskosten dürfen.

Eigentlich ist es auch groß genug, um Stuhlgang abgeben zu können. Ich teste das nach einer Stunde und merke, warum das nicht funktionieren kann: Das Mieder ist so eng, dass es beide Pobacken eng aneinanderpresst. Sorry, wenn das jetzt unappetitlich klingt, aber so ist nun mal die Realität: Wenn man oben drückt, bleibt der Stuhlgang zwischen den Pobacken hängen. Fatal. Ich reinige mich also einigermaßen und ziehe das Mieder herunter. Und morgen wird es keinen weiteren Versuch geben. Jetzt weiß ich, wie es geht. Und so kann ich auch auf das Bidet benützen, ohne das Mieder nass zu machen. Oh Leute: Man wird alt wie ein Haus und lernt nie aus. Und die, die das Mieder erfunden und an meine Klinik verkauft haben, haben es vermutlich nie selbst ausprobiert.

Ein unerwarteter Erfahrungsaustausch

Ich überlege, meine Friseurin zu fragen, ob ich ausschließlich zum Haare waschen mal vorbeikommen kann; ohne Termin? Ja. Funktioniert. Während ich meiner „vertrauten" Friseurin Maria von meiner OP berichte, meldet sich eine andere Kundin zu Wort, die gerade ihre Farbsträhnen machen lässt. Sie habe sich vor einigen Jahren auch Fettabsaugen lassen. In der gleichen Klinik. Bei ihr komme es aber wieder. Naja, wenn man gerade von einer fünfmonatigen Weltreise mit dem Schiff zurückkehrt, da summieren sich die Kalorien natürlich wie im Schlaf. Andererseits scheint das Gebiet ihrer Absaugung nicht sehr groß gewesen zu sein, denn sie brauchte keine Bauchplastik, obwohl sie noch ein Jahr älter ist als ich. Maria streicht mir neidisch mehrmals über den nicht mehr vorhandenen Oberbauch. Sie ist zarte 35 Jahre alt und träumt von ihrer Jungmädchenfigur. Als sie unsere Preise hört, meint sie aber dann doch kleinlaut, dass sie dafür doch noch ein paar Jahre Haare schneiden müsse.

Tag 24

Am schönsten ist jeweils das Aufwachen im Bett, ohne Mieder, ohne Gerüst, einfach mit den Händen auf meinem flachen Bauch. Er fühlt sich in der Mitte noch ein wenig an, als läge eine dünne Pappschicht unter der Haut, während rechts und links das Gewebe weich und gefühlempfindlich ist. So nehme ich erst mal mein Frühstück ein und steige erst nach der Morgentoilette in mein schwarzes Mieder. Eiderderdaus. Erst jetzt merke ich, dass ich es gestern verkehrtherum angezogen habe. Die Innenseite ist nämlich viel glatter und lässt sich leichter überziehen und glattstreichen. Das Gewicht ist erneut um 300 Gramm zurück gegangen. Vielleicht hängt das auch mit der Lymphdrainage zusammen, dass sich restliche Flüssigkeit verstoffwechselt und über den Urin abgeht?

Wieder ziehe ich meine 20 Minuten auf dem Crosstrainer durch. Das müsste als Bewegung reichen, wenngleich mir das Joggen schon fehlt.

Niesen

Ich habe keine Pollenallergie, aber in diesen Wochen neige ich trotzdem öfter mal zum heftigen Niesen. Zwar bekomme ich jedes Mal einen Schreck, wenn sich ein Nieser ankündigt, aber Im Gegensatz zur ersten Woche tut es nicht mehr weh. Auch der Schmerz in der rechten Lende hat sich verdünnisiert, wenngleich ich noch genau spüre, wo er begann.

Tag 25
Heilprobleme

Heute wieder ein Termin in der Klinik. Mit viel Anstrengung arbeite ich mich aus dem Ganz-körper-Mieder heraus und lege mich auf die Untersuchungsliege. Das Pflaster hat einen Fleck. Die Wunde hat also weitergenässt. Die Ärztin entfernt eine weitere Wulst, die sich an der Narbe gebildet hat. Sie küviert, sagt sie, das bedeutet, dass sie vom Körper gebildetes überschießenden Narbengewebe entfernt. Der Wundheilungsprozess ist gestört. Es entsteht mehr Bindegewebe als bei einer normalen, flachen Narbe. Sie gibt mir Pflaster und Varihesive einen extra dünnen Wunderverband mit, damit ich den Verband die nächsten beiden Tage (Wochenende) selbst erneuern kann.

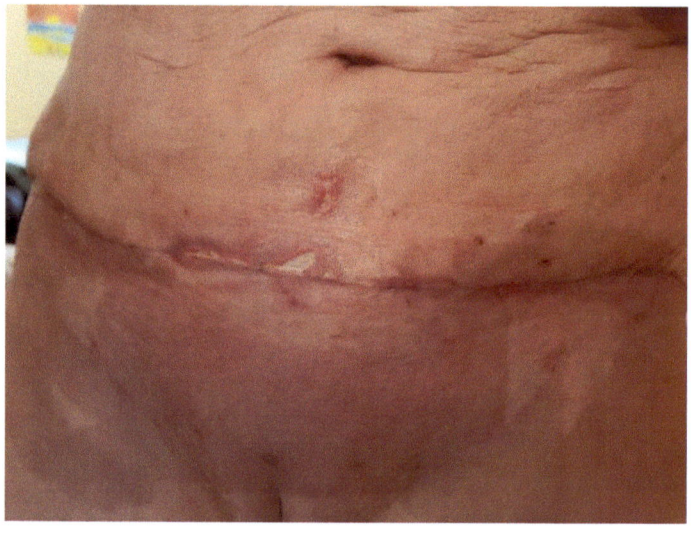

Sie erwartet mich am Montag wieder. Tja, da bereite ich sicher mehr Aufwand, als in der Kalkulation vorgesehen war. Ob ich eine Nachrechnung erhalte?

Und dann ändert sich noch etwas. Sie sieht, wie ich mich entsetzlich abmühen muss, um wieder in das Ganzkörper-Mieder zu gelangen. Erschreckt deutet sie auf meinen Narbenverband. Es besteht die Gefahr, dass ich alleine beim An- und Ausziehen des Mieders die Narbe zerre und aufdehne. Vielleicht war das der Fehler, dass sie nicht heilen mag? Sie fragt mich, ob ich ein eigenes Mieder – sie nennt es Shapewaer – besitze, in das ich besser einsteigen könne? Habe ich. Das soll ich also ab morgen tragen. Das erleichtert mich sehr, wenngleich ich mich an das schwarze Monstrum schon fast gewöhnt habe. Aber selbst, wenn ich es mit Hauruck, Schuhlöffel und Beißzange (natürlich übertrieben) angelegt habe, es engt schon sehr ein, so dass ich Treppen wesentlich mühsamer und deshalb langsamer hochsteigen kann, als ohne. Und erst recht bei gleichzeitigem Tragen der Corona-Maske ist das Atmen sehr behindert.

Freilich kann ich damit wieder nicht duschen und meine Haare unter der Dusche waschen. Ich erinnere mich an eine Kunstlederschürze, die irgendwo im Keller hängt und mal fürs Grillen gedacht war. Damit könnte es klappen, dass ich nur mit meinem Kopf unter die Dusche gehe und der Rest trocken bleibt. Nein, es geht besser: Wozu habe ich einen ausziehbaren Wasserhahn an der Spüle in der Küche? Klappt prima.

Meine private Krankenversicherung sagt ab. Es gäbe keine medizinische Indikation für diesen Eingriff. Der Arzt, der mir dies in Aussicht gestellt hatte, hat sich nicht mehr gemeldet. Ich hätte wenigstens einen Zuschuss vielleicht geschafft, wenn ich die Sache eher angegangen wäre. Vorbei. Selber schuld.

Tag 26

Ich wechsle morgens das Pflaster auf meinem Bauch. Vor einem Ganzkörper-Spiegel. Über der eigentlichen Narbe liegt also das Wundverband-Gitter. Es sieht durch und durch weiß aus. Ist das Eiter? Nein, beim Entfernen dieser Schicht sieht mich eine saubere Wunde an. Ich schneide aus dem sterilen Wunderverband also einen Streifen heraus, lege ihn über die Wunde und decke sie mit zwei zusammengeklebten Pflastern ab. Noch immer bin ich völlig gefühllos an dieser Stelle. Ab heute wechsle ich vom schwarzen Ganzkörper-Mieder zu meinem eigenen Mieder, das sich zwischen den Beinen mit Häkchen schließen und öffnen lässt. Freilich sitzt es auch sehr eng, denn ich habe es vor einigen Jahren mit Absicht eine Konfektionsgröße kleiner gekauft. Wichtig ist, dass die Partie zwischen Brust und Unterleib fest und glatt sitzt.

Tag 27

Schon in der Vorbereitung des Pflasterwechsels sehe ich, dass die Wunde doch ein bisschen gesuppt hat. Ein bräunlicher Fleck durchdrang das Pflaster. In meinem Klinik-Leitfaden steht nichts davon, wann so eine Narbe nach einer Bauchdeckenstraffung komplett geschlossen sei. Man solle in den ersten sechs Wochen größere körperliche Anstrengungen vermeiden. Welche Tätigkeiten einer Hausfrau könnten das sein? Betten beziehen. Flaschenkiste in den Kofferraum tragen. Ein Haus saugen und wischen? Einkaufskiste aus dem Kofferraum ins Haus tragen und ausräumen? Man solle sich kurzfristig bei der Ärztin vorstellen, wenn

Narben dick oder auffällig werden und sich einige Wochen nach Abschluss der Wundheilung ein starker Juckreiz einstellt. Nö, noch juckt nichts. Ich vermute, dass ich mir die Naht beim Versuch, das schwarze Mieder anzuziehen, aufgedehnt, vielleicht aufgerissen habe? Da muss ich nun also durch.

Tag 28

Lymphdrainage tut wie immer gut. Jedoch nachdem ich wieder im Auto sitze, piekst mich etwas an der Naht. Freilich kann Lymphdrainage die Durchblutung im Bauchraum anregen. Aber ich bin sowieso unterwegs zu einem neuen Termin in der Klinik.

Mangels Deckenspiegel kann ich natürlich gar nicht sehen, wie die Wunde aussieht. Ich spüre, wie das Pflaster und die darauf angebrachte Wundauflage entfernt werden. Ob ich desinfiziert habe, werde ich gefragt? Nein, hatte mir niemand gesagt. Ich spüre, wie ich jetzt eingesprüht werde. Nun kommt eine antibiotische

Salbe auf die Naht; darauf ein herausgeschnittener Streifen einer anderen Art von Wundversorgungsgitter. Darauf ein neues Pflaster. So soll ich das nun die nächsten beiden Tage selbst machen und dann ein Foto von der Wunde an die Ärztin schicken. Sie entscheidet dann, wann ich wieder kommen soll. Versorgt mit allen Komponenten fahr ich also wieder heim. So langsam gerate ich in Sorge, warum diese Naht nicht heilen will. Aber was bleibt mir übrig, als mich zu fügen und selbst Hand an mich zu legen.

Schweia. Schweia.

Morgen sind es vier Wochen, dass dieses Abenteuer begann. „Gesunde Ernährung, leichter Sport sowie regelmäßige Bindegewebsmassagen tragen dazu bei, die Haut- und Gewebequalität zu verbessern und somit den Operationserfolg zu sichern." Also gut: Ich gehe auf den Crosstrainer. Gesund gegessen wird bei uns sowieso immer. Aber sei ehrlich, beschwichtige ich mich: Du bist eben nicht mehr die Jüngste und Deiner Haut fehlt eine gewisse jugendliche Elastizität. Also: Schweia, Schweia – mit diesen Worten

ermahnen sich Beduinen zu Geduld und Gelas-
senheit.

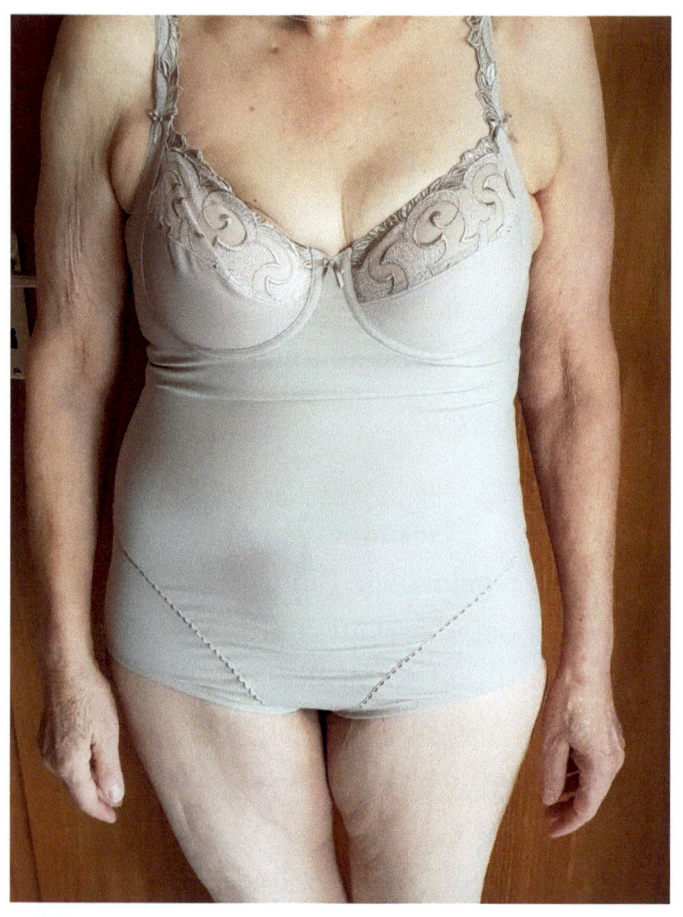

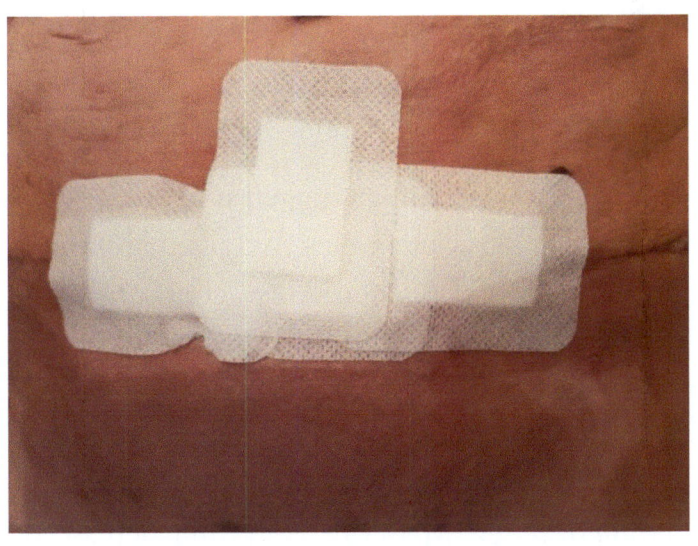

Tag 31 (2.3.)

Vor zwei Tagen war ich bei der Ärztin, um meine Wunde zu zeigen. Da nässte sie noch an zwei winzigen Stellen. Ich erhielt eine antibiotische Salbe und eine andere Wundauflage und die Anweisung, wie ich diese Stelle täglich versorgen soll. Am dritten Tag, also heute, soll ich ein Foto von der Wunde schicken, damit die Ärztin begutachten kann, wann ich wiederkommen soll. Ist schon toll, wie einfach so etwas heutzutage geht. Die Wunde nässt nicht mehr.

Aber ich weiß nicht, wie ich diese zwei kleinen weißen Stellen bewerten soll, die man sieht. Ist das Eiter? Die Stellen sind jedoch trocken.

Es geht mir gut. Außer Joggen und schwer heben mache ich wieder alles. Witzigerweise habe ich beim morgendlichen Aufwachen und Aufstehen das Gefühl, ich hätte ein Mieder an. Es ist aber die Hautpartie zwischen Brust und Naht, die noch eine gewisse Steifheit in der Mitte aufweist. Von Schmerz kann man eigentlich nicht reden. Mein OP-Feld fühlt sich an, als würde ich ein enges Mieder tragen. Auch wenn ich es nicht trage. Aber selbstverständlich ziehe ich es tagsüber wieder an.

Tag 34

Meine Narbe wird von mir weiter jeden Morgen gepflegt: Abwaschen. Desinfizieren mit Spray. Antibiotische Salbe, Wundauflage. Pflaster. Unter die Dusche traue ich mich noch nicht. Ich will in vier Tagen nach Dubai fliegen und kein Risiko eingehen. Noch immer zeigt sich im abgenommenen Pflaster eine hellbraune Spur, weil die Narbe doch noch ein wenig suppt.

Ein werkwürdiges Gefühl ist es, wenn ich eine Weile gesessen habe und aufstehe. Es fühlt sich an, als ob meine Vorderseite zu kurz ist und ich sie erst wieder aufdehnen muss. Vielleicht sollte ich weniger sitzen und öfter aufrecht herumlaufen?

Ich fühle mich wieder richtig fit. Ohne Anstrengungsgefühl habe ich heute das gesamte Haus gesaugt und gewischt. Nur die Ecken und Nischen, die ich von Zeit zu Zeit auf den Knien bearbeite, lasse ich noch aus. Ich komme zwar gut runter, habe aber so meine Bedenken, ohne einen Haltegriff wieder hochzukommen. Also weiter Geduld.

Im Gegensatz zu vor der OP ertappe ich mich, dass ich vom Bad ins Schlafzimmer völlig nackt gehe. Das habe ich schon Jahre nicht mehr gemacht, mich stattdessen in irgendetwas gehüllt, um niemanden (meinem Mann) meinen Anblick aufzunötigen.

Der Chirurg, der ein Attest schreiben wollte

Von dem Arzt, der mir ein Attest für die Krankenkasse schreiben wollte, kommt heute eine Rechnung. Er rechnet darin alles Mögliche ab, sogar das nie erhaltene Attest, das er nun als ausführlichen Befundbericht bezeichnet. 154,44 Euro will er haben. Wofür? Ich habe weder einen Befundbericht noch das vereinbarte Attest erhalten. Im Gegenteil: Auf seinen Wunsch habe ich mich noch einer zusätzlichen Knochendichtemessung unterzogen, weil er (O-Ton) aktuelle Werte für das Attest wolle. Diese Rechnung habe ich noch gar nicht. Nach kurzem Überlegen und nachdem sich meine Entrüstung gelegt habe, melde ich den Vorgang an die Landesärztekammer. Aus einer neuen Berichterstattung im Deutschen Ärzteblatt lese ich, dass es Falschabrechnung oder Abrechnungsbetrug heißt, wenn Ärzte sich solche Dinge erlauben. Es drohe dafür sogar ein Strafverfahren. Und das Berufsrecht sei tangiert. „Mehr noch als bei Behandlungsfehlern ist auch die Approbation in Gefahr. Darüber hinaus kann eine

Prüfung der Zulassung durch die Kassenärztliche Vereinigung (KV) angezeigt sein." Da ich Privatpatientin bin, werden die sich sicher nicht einschalten. Aber Falschabrechnung bleibt Falschabrechnung. Und ich habe gottseidank den gesamten Schriftverkehr mit der Praxis aufbewahrt, mit dem ich vertröstet wurde, weil das Attest nicht rechtzeitig kam; auch meine Mail, mit der ich dem Arzt mitgeteilt habe, dass ich nicht bereit sei, für seine Absichtserklärungen zu bezahlen. Also noch eine Baustelle.

Antwort vom OSD

Der Osteoporose Selbsthilfegruppen Dachverband e.V. antwortet auf meine Anfrage, dass ich Erfahrungsaustausch mit Menschen suche, die sich wie ich das überschüssige Oberkörper-Gewebe operativ entfernen ließen. Nach Auskunft meiner Klinik sei das ein häufiger Eingriff. Die Antwort des OSG wundert mich im Nachhinein nicht: Mein Anliegen sei relativ unbekannt. Sie hätten keine Betroffenen, die für einen

Erfahrungsaustausch zur Verfügung stünden. Habe ich etwas anderes erwartet? Ja. Aber wie kann ich so eine Antwort deuten? Eigentlich ganz einfach.

Zur medizinischen Behandlung der Osteoporose stehen eine Reihe Medikamente zur Verfügung, die von den Experten der verschiedenen Osteoporose-Selbsthilfeorganisationen regelrecht umworben werden:

Bisphosphonate

Die Medikamente dieser Gruppe verhindern den Abbau der Knochen. Sie sind bei richtiger Einnahme gut verträglich, wirken gut und werden daher häufig eingesetzt. Die Mittel heißen Alendronat, Ibandronat, Risedronat oder Zoledronat.

Denosumab

Denosumab ist ein Biologikum, das heißt, es wird gentechnologisch hergestellt. Es bremst den Abbau der Knochen.

Bazedoxifen oder Raloxifen

Diese Mittel wirken ähnlich wie das weibliche Hormon Östrogen, das die Knochen schützt und so verhindert, dass sie weiter abgebaut werden. Sie werden speziell bei der Behandlung von Frauen eingesetzt.

Teriparatid

Diese Substanz fördert den Aufbau von Knochen. Die Patienten spritzen sie sich täglich wie Insulin unter die Haut.

Kein Wunder, dass man sich mit so profanen Dingen wie eine körperliche Korrektur überhaupt befassen möchte. Die Patienten sollen Medikamente schlucken und basta. Davon partizipieren nicht nur Ärzte und Kliniken, sondern auch Patientenorganisationen und Selbsthilfegruppen.

Beispiel die Firma Amgen Deutschland im Jahr 2020

Sie schenkte 2020 dem Bundesselbsthilfeverband für Osteoporose 7.800 Euro für Anzeigenschaltungen. Im Jahr 2019 spendierte sie 9.084,10 Euro, im Jahr 2018 13.779,30 Euro. Das Netzwerk Osteoporose taucht 2018 mit 4.000 Euro auf. So nebenher gingen an 836 Empfänger über 1 Million Euro für Honorare, Reisekosten und Ähnliches. Das Netzwerk Osteoporose taucht 2018 mit 8.500 Euro auf, 2019 waren es 4.000 Euro. Der OSD erhielt 2018 knapp 1.000 Euro., 2019 waren es 3.500 Euro. Eigentlich Peanuts für so einen Pharmahersteller. So macht man sich Selbsthilfeorganisationen gefügig. Ich kenne das von Indikationen wie Rheuma, Schmerz, Depression und Diabetes.

Amgen ist nicht der einzige Hersteller von Osteoporose-Medikamenten und nicht einmal der größte. Allein für das allseits empfohlene Vitamin D3 finden sich im Internet 73 Hersteller.

Das erklärt mir, warum die Osteoporose-Selbsthilfe überhaupt kein Interesse zeigt, über dieses Symptom der Osteoporose nachzudenken. Gegen die Osteoporose-Wurst gibt es kein Medikament. Da müssen sich die Betroffenen schon selbst kümmern. Unter Selbsthilfe verstehe ich etwas mehr als die Bewerbung von Medikamenten. Schade. Ein Riesenmissverständnis.

Tag 35 + 37

Das tägliche Pflasterwechseln klappt schon ganz gut. Ich fühle mich damit fit für Dubai. Die Ärztin will mich am Vortag der Abreise nochmals sehen. Sie scheint zufrieden zu sein und gibt mir noch einen neuen Vorrat Pflaster mit. Die bis dahin zugeschnittene Wundauflage brauche ich nicht mehr. Aber eindringlich ermahnt sie mich, auf dem Flug ein Mieder zu tragen. Aber ja, daran habe ich mich inzwischen gewöhnt und sogar noch ein Zweites zum Waschen gekauft. Wann soll ich mich wieder bei ihr zeigen? Sie meint: in drei Monaten.

Tag 38 bis 45

Ich fühle mich figurmäßig wie ein junges Mädchen und trage meine Blusen und Shirts nicht wie früher locker über der Hose, sondern in der Hose und sogar mit einem die Figur betonenden Gürtel.

Mein vor Jahren angeschaffter, sehr teurer blauer Blazer, der seitdem hauptsächlich im Schrank hing, nimmt nicht nur meine Bluse, sondern auch noch einen leichten Pullover auf und lässt sich trotzdem locker zuknöpfen. Was für ein überwältigendes Gefühl.

Es muss Jahrzehnte her sein, dass ich mich so kleiden konnte. Ein mitgenommenes dünnes Kleidchen mit Durchzugsgürtel, das ursprünglich meine Wulst überspielen sollte, wirkt wie ein viel zu weiter Schwangerschaftskittel. Ich werde es zuhause enger nähen. Ich fühle mich unglaublich

Beim Pflasterwechsel jeden Morgen zeigen sich noch jeweils zwei braune Punkte, die ich diszipliniert mit Desinfektionsspray, antibiotischer Salbe und Pflaster versorge.

Tag 47

Zurück aus Dubai ist mein Pflaster ohne Spuren. Die Narbe ist also endgültig zugeheilt. Freilich ist sie noch sichtbar. Und das wird wohl noch eine Weile so bleiben. Geblieben ist das Gefühl, ich würde das Mieder noch tragen, selbst wenn ich nackt bin. Wenn ich morgens aufwache und auf meinen Bauch fasse, fühlt sich das an, als habe ich einen A4--Pappdeckel unter der Haut.

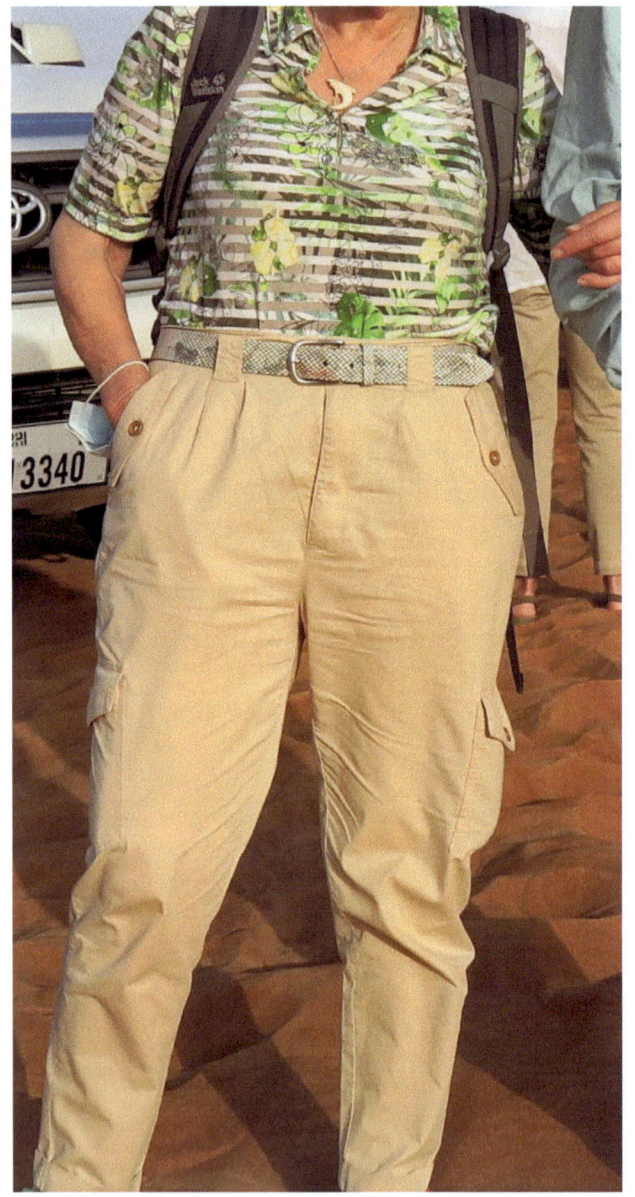

Das ganze Gewebe ist aber schon etwas weicher geworden. Mag sein, dass sich hier übrig gebliebene Fettzellen aufplustern? Ich habe gelesen, dass sich bei einer Fettabsaugung nur etwa 70 Prozent der Fettzellen entfernen lassen, also 30 Prozent zurückbleiben, die sich bei undisziplinierter Kalorienzufuhr wieder füllen. Auch das leichte Jucken ist ein Indiz dafür, das ich kenne, wenn ich am Ende des Jahres wegen des guten Feiertagsessens immer ein oder zwei Kilo zulegte, die ich im Januar dann regelmäßig mit einer Fastenwoche wieder loswurde. Trotzdem: Ich wiege heute etwas mehr als zwei Kilo weniger als vor dem Eingriff.

Tag 54

Ich bin mit meinem Mann bei einer Ärztin, die ihn vor einem Jahr auf Borreliose behandelt hat. Wir kennen uns schon über ein Jahrzehnt von gemeinsamen Veranstaltungen. Gleich beim Eintreten berichte ich ihr, dass ich mal wieder in jener berühmten Schönheitsklinik gewesen sei. Neugierig fordert sie mich auf, die Maske herunterzuziehen, weil sie vermutet, dass ich mir im

Gesicht habe etwas korrigieren lassen. Belustigt winke ich ab, zeige auf meinen Bauch und bringe das Gespräch auf meine Osteoporose-Wurst. Sie seufzt hörbar und gesteht, dass sie die gleiche Problemzone habe. Im Gegensatz zu mir ist sie jedoch gertenschlank, fast dünn an den Beinen. Aber ich ahne an ihrem nach vorne abstehendem Oberteil, was Sache ist. Bei ihr ist jedoch die Osteoporose bereits diagnostiziert. Natürlich kommt die Frage, ob das weh getan habe und wie lange die Heilung gedauert habe und auch der Preis. Der schmerzt sie vielleicht als gutverdienende Ärztin weniger als mich. Aber weil wir uns so gut verstehen, rufe ich meinem Mann frech zu „Guck mal weg" und öffne mein Mieder für einen ungenierten Blick auf meinen Bauch. Sie ist baff. Mein Mann, der eigentliche Patient, gerät regelrecht in Vergessenheit. Ich verspreche ihr, dass ich ihr mein Tagebuch zumailen werde. Am Abend erhalte ich eine Mail von ihr: „Das sieht toll aus. Ich bin richtig neidisch!!!!!"

11. Woche nach OP

Ich fühle mich wie neugeboren. Die Frühlingstemperaturen lassen es zu, dass man wieder etwas luftiger angezogen herumläuft, auch nicht immer mit Blazer oder Jacke, auch mal nur mit dem T-Shirt. Ich trauere um alle die schönen T-Shirts, die ich in den letzten Jahren verschenkt habe, weil sie einfach unmöglich an mir aussahen. Jetzt trage ich an einem Familienessen bei uns zuhause ein engtailliertes Jersey-Kleid, mit dem ich fast dünn aussehe.

Noch ist mein Bauch etwas schrumpelig. Nach der zehnten Lymphdrainage fragt mich mein Physiotherapeut, ob ich das Mieder noch immer tragen müsste. Er meint, dass die faltigen Gewebepartien eventuell durch das straffe Mieder nicht zur Ruhe kämen. Das leuchtet mir ein und ich schicke sicherheitshalber eine Mail an meine Ärztin. Während dessen lasse ich das Mieder sein und beobachte meinen Bauch. Während sich die Partien über und unter dem Nabel ziemlich straff anfühlen, hadere ich noch immer mit dem weichen Mittelteil, das ich in der 11. Woche

als neu aufgeplusterte Fettzellen glaubte identi-
fizieren zu müssen. Wegen einiger Feiertage, an
denen ja sowieso mehr gegessen wird, verlagere
ich die geplanten Fastentage in die 12. Woche.
Inzwischen meldet sich meine Ärztin, leider erst
zwei Wochen nach meiner Mail. Sie rät mir unbedingt, das Mieder, das ich vor zwei Wochen
abgelegt habe, weiterzutragen. Mindestens noch
einen Monat. Das wären dann also vier Monate
insgesamt. Nein, Fett könnte das nicht sein, was
ich glaube zu fühlen. Nach dieser Zeit seien
noch immer Schwellungen möglich, die sich mit
der Zeit aber zurückbilden. Ich kehre also zurück zu meinen Miedern, von denen ich mehrere besitze. Ein kürzlich gekaufter Gürtel, dessen Länge ein Reserveloch aufwies, passt nun
locker ins letzte Loch. Ich hätte ihn wirklich eine
Größe kürzer kaufen können.

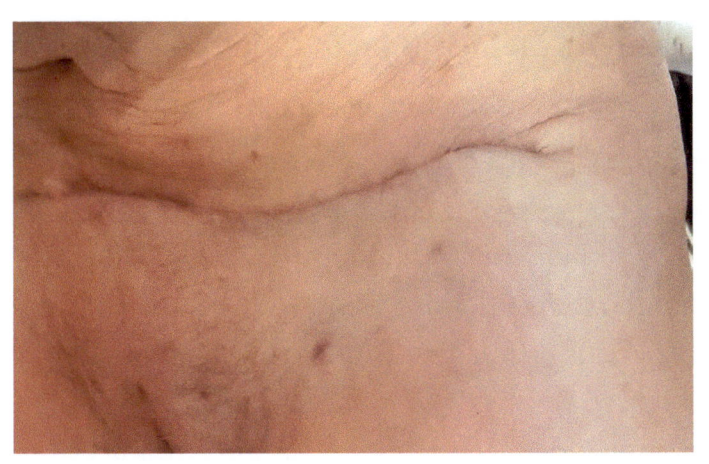

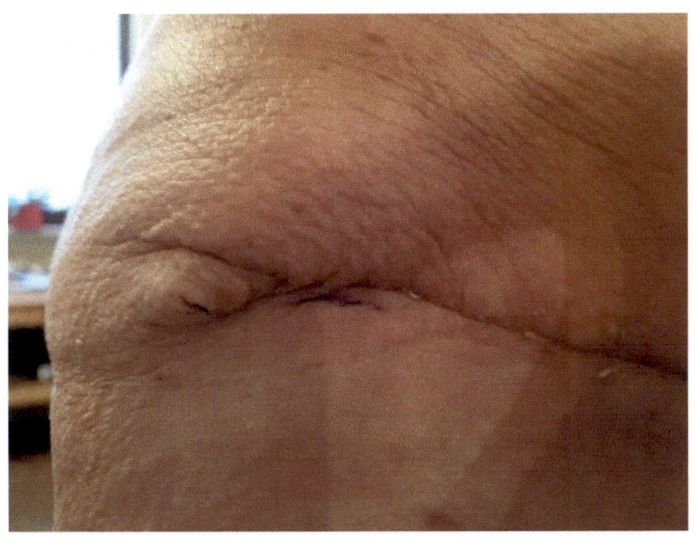

Ich liebe meinen Bauch

Inzwischen erhielt ich meine 17. Lymphdrainage. Tatsächlich halfen mir diese Anwen-
dungen, wieder mehr Gefühl in meinen Bauch
zu entwickeln. 45 Minuten dauert so eine Behandlung, bei der das Gewebe rund um den Nabel mit sanften Bewegungen weniger massiert
als mehr gestrichen werden. Die zwei Stellen
rechts und links der Narbe, die am Anfang etwas
unorthodox wie schlechte Abnäher aussahen,
werden milder. Mein Heilpaktiker hat ein neues
„Spielzeug" angeschafft. Der „Physio Boost
Mini" ist ein kompaktes Mini-Hand-Massagege-
rät mit verschiedenen Aufsätzen, unter anderem
ein sogenannter Doppelkopf-Aufsatz, der sich
anfühlt, als würden zwei Finger sanft ins Gewebe hämmern. Mal sehen, ob ich danach etwas
fühle, was anders ist?

Das Gefühl beim Aufwachen am Morgen erzeugt Euphorie. Ich hätte diesen Eingriff schon vor einigen Jahren machen lassen sollen, als meine Arme noch muskulöser waren und in ärmelfreien Kleidern und Blusen besser aussahen. Nun habe ich eine Figur wie eine junge Frau und alte Arme. Das nennt man Jammern auf hohem Niveau. Ich muss dankbar sein, dass dieser Eingriff so komplikationslos vorrüberging. Ich merke zwar, dass mir beim Joggen noch etwas die Luft zum Atmen fehlt, aber ich laufe trotzdem einfach los und bin sicher, dass sich das wieder bessert. Geduld. Ja, Geduld habe ich.

12. Woche

Nur vier Tage später, seitdem ich das Mieder wieder tragen, flacht sich die vermeintliche Fettschicht ab, obwohl ich nichts unternommen habe, um abzunehmen. Also doch kein Fett? Also doch eine Schwellung, die sich unter dem Miedertragen zurückbildet. Auch die seitlichen Abnäher, wie ich die Übergänge zwischen Narbe und nicht-operiertem Gewebe nenne, mildern sich weiter. Wenn ich geahnt hätte, wie gut die OP verläuft, hätte ich sie schon viel eher machen lassen.

Auf einer Einladung am Wochenende, an dem am Hotel-Frühstückstisch eine Dame über ihren dicken Magen jammerte, rutschte es mir heraus, dass ich das Problem mit einer OP beseitigt habe. Sie schweigt, auch ihre dicke Nachbarin. Aber es ist zu sehen, dass sie nicht unbedingt eine Oberkörper-Schrumpfung wie ich hat, sondern der gesamte Oberkörper, auch Arme, Hals und Rücken mit einer Speckschicht umgeben sind, die sie sich durch zu viel Essen angefuttert hat. Auch beim anschließenden Mittagessen zwei Stunden später sehe ich an ihren Portionen vom Buffet, was die Erklärung solcher Umfänge ist: „Von nix kommt nix!" Anscheinend wissen sie nicht, dass ein gutes Essen nicht besser schmeckt, wenn man mehr davon isst. Ich schenke mir das Kuchen-Buffet.

13. Woche

20 Lymphdrainagen liegen hinter mir. Der Physiotherapeut meint: Da geht noch `was. Also habe ich mir erneut ein Rezept über fünf Lymphdrainagen geben lassen. Das Gefühl in meinem Bauch verbessert sich vom Rand nach Innen. Lediglich rund um den Nabel fühlt es sich an, als liege da noch ein Pfannkuchen aus Pappe. Geduld. Geduld. Das Gefühl, ich müsste meinen Rücken rund machen wegen der Längsspannung am Unterbauch, lässt stetig nach. Nächste Woche ist ein Besuch in der Klinik

angesagt. Eines meiner drei Korsetts trage ich immer. An der Disziplin soll es nicht hapern, dass mein Bauch früher oder später glatt und faltenfrei aussieht; wenngleich mir das nicht so wichtig ist. Hauptsache: Die Wurst ist weg.

Mir fällt auf, dass ich viel aufmerksamer bin, bei anderen Frauen eine ähnliche Wurst zu entdecken. Cornelia Poletto zum Beispiel, die Köchin aus Hamburg, scheint die gleich OP gemacht zu haben. Noch vor einigen Wochen sah ihre Kochjacke so aus, würde sich viel unnötiges Gewebegewurstel unter der Brust abzeichnen. Eine, bei der die Wurst ganz deutlich zu sehen ist, ist Saskia Eskens, die Co-Vorsitzende der SPD. So wie ich vor der OP, trägt sie freilich fast immer ein weites Shirt oder einen kaschierenden Blazer. Und wenn ich mir einige Fernsehmoderatorinnen ansehe wie Barbara Hallweg, Gundula Gause oder Petra Gerster, wie übermäßig flach und tailliert sie um den Bauch herum aussehen, glaube ich auch nicht mehr an natürliche Schlankheit. Warum auch nicht nachhelfen.

Das Mieder?

Seit einigen Tagen spüre ich in der linken Hand einen leichten Schmerz wie ein gereizter Nerv und das Gleiche im rechten Bein. Den letzten Jogginglauf musste ich tatsächlich nach zwei Dritteln abbrechen, weil mein rechtes Bein keinen Halt fand, als seien die Muskeln erschlafft. Auch als ich vor einem Tag schnell die Treppen zur U-Bahn hinuntergehen wollte, merkte ich, dass mein rechtes Bein schwächelte, als seien sämtliche Beinmuskel ausgeleiert. Entgegen meiner Gewohnheit nahm ich also die Rolltreppe.

Tausend mögliche Ursachen geistern in meinem Kopf? Im Fernsehen läuft etwas über Multiple Sklerose. In meinen verschiedenen gesundheitlich spezialisierten Internet-Newslettern blitzen jede Menge an Diagnosen auf. Huch – es ist gerade Internisten-Kongress in Wiesbaden. Und ich bin aus alter Gewohnheit, weil ich bis vor wenigen Monaten eine Patientenzeitschrift redigierte, noch immer dauereingeloggt. Schnell löschen, sonst lese ich mir noch etwas an.

Nervenschmerzen in Händen und Beinen kommen häufig von der Wirbelsäule. Ich verdächtige das Miedertragen. Alle drei, die ich besitze, liegen so fest an, wie es die Ärztin empfohlen hat. Weil diese Mieder für meinen nun verkürzten Oberkörper ein bisschen zu lang geschnitten sind, lege ich die überflüssige Miederlänge wie eine Falte unter die Brust. Habe ich mir beim Miederanziehen etwa einen oder mehrere Wirbel verschoben? Man muss dabei schon eine gewisse Kraft aufbringen.

Ich kenne eine Heilpraktikerin, die mir mit der Dorn-Methode schon mehrmals verschobene Wirbel eingerichtet hat. Das tut nicht weh. Man stellt sich dazu mit einem Bein auf ein Klötzchen Holz und schleudert das andere Bein vor und zurück. Bei höher liegenden Wirbeln sitzt man auf einem Hocker und schleudert beide Arme vor und zurück.

Bevor ich einen Termin mache, rede ich erst einmal mit meinem Physiotherapeuten. Gerade heute habe ich die 21. Lymphdrainage und auch er ist Heilpraktiker. Er scheint sofort Rat zu wissen. Ich soll mich auf die linke Seite legen. Er platziert Beine und Arme, ich soll tief einatmen und auf einen kräftigen Ruck durch seine Arme ausatmen. Es schmerzt, aber ich fühle, dass sich etwas tut. Das gleiche machen wir auch auf der anderen Körperseite. Dann soll ich mich hinsetzen und die Arme hinter den Kopf fassen. Er drückt meine beiden Arme nach Hinten. Wieder schmerzt die Bewegung. Und dann erhalte ich noch eine Massage mit dem neuen Booster rechts und links der Wirbelsäule; rauf und runter. Und schon spüre ich Erleichterung. Nach der anschließenden Lymphdrainage auf meinem Bauch spüre ich keinen Schmerz mehr in der linken Hand und auch nicht im rechten Bein. Ob diese Verspannungen vom Mieder kamen, werde ich wohl nie erfahren. Ich trage das Mieder trotzdem weiter. Nächste Woche ist mein Kontrolltermin bei der Ärztin. Ich werde mit ihr darüber sprechen, obwohl ich jetzt schon ahne, dass ich angeblich die Einzige sei, die solche Begleiterscheinungen erlitt. Ja, ich gebe es zu, dass ich keine übertriebene Gläubigkeit zu ärztlichen Meinungen und Befunden hege.

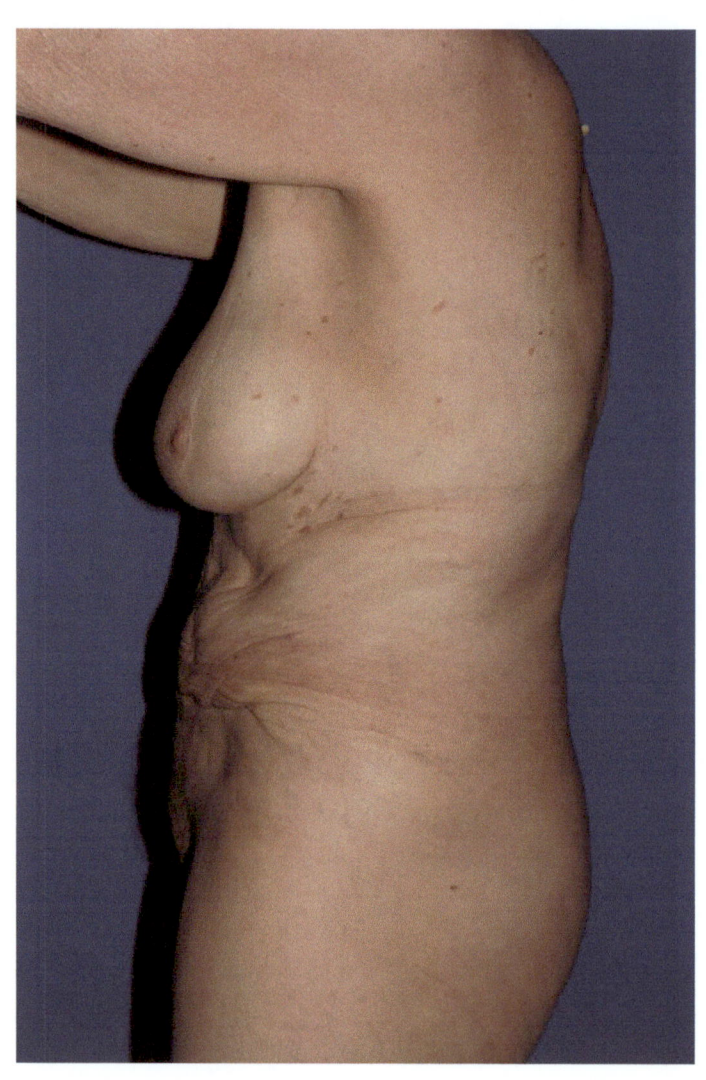

140

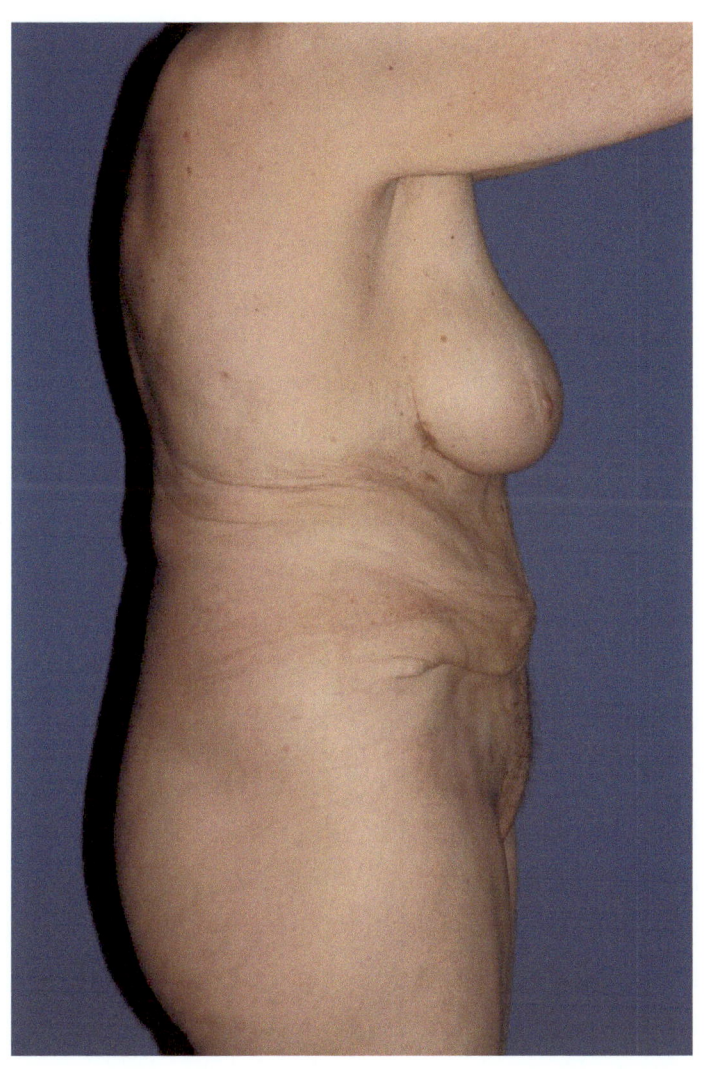

141

14. Woche

Kontrolltermin bei der Ärztin. Sie ist mit meinem Bauch überhaupt nicht zufrieden. Die Schwellung um meinen Nabel herum verzerrt auch die Narbe. Auf manchen Fotos sieht sie aus wie ein verzogener Mund. Nein, das sei kein Fett, korrigiert sie meine Meinung. Solche Schwellungen könnten bis zu einem Jahr anhalten. Upps: Es wäre günstig, wenn ich das Mieder nicht sofort an den Nagel hinge, sondern es immer wieder einen Tag zwischendurch tragen würde, weil es der Abschwellung diene. Es ist Mitte Mai; ich solle am Jahresende wieder zur Kontrolle kommen. Solange voraus könne man keine Termine festlegen; ich solle es im Juli probieren. Vermerk in meinem Terminkalender.

Nichts desto trotz: Ich fühle mich großartig. Das Auswählen der täglichen Kleidung ist immer wie eine Premiere. Was ich alles passend wiederfinde, was ich seit Jahren nicht anziehen konnte, steigert mein fast übermütiges Lustgefühl beim Anziehen. Der Ganzkörperspiegel bestätigt, dass ich mir das nicht einbilde.

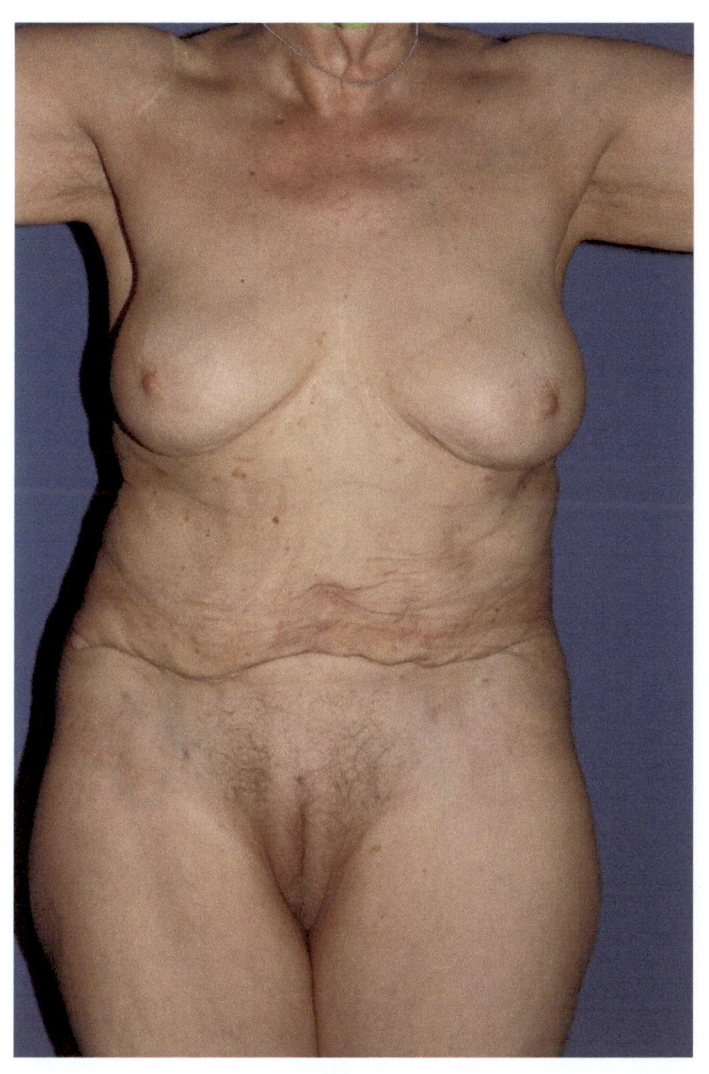

143

Schlechtes Beispiel

Beim Friseur lande ich rein zufällig wieder neben der Dame, die ich kurz nach meiner OP traf und die von ihrer Liposuktion berichtete. Sie jammert, dass ihr im Moment fast keine Hose passe. Tja, ein gutes Beispiel, wenn man nach der Fettabsaugung seine Ernährung nicht umstellt. Denn bei der Liposuktion können immer nur rund 70 Prozent der Fettzellen entfernt werden. Die verbleibenden 30 Prozent sind sehr gut in der Lage, sich bei Überangebot von Kalorien erneut vollzusaugen.

Wir unterhalten uns über unsere Essgewohnheiten. Sie reagiert regelrecht entsetzt, als ich ihr auf ihre Frage, was ich abends esse, antworte: Nichts. Nein, das könne sie nicht. Sie müsse wenigstens ein bisschen Obst essen oder Salat. Das mit dem Obst schminke ich ihr ab: Der Fruchtzucker von Obst regt die Bauchspeicheldrüse zur Insulinproduktion an und daraus entsteht erst recht Hunger. Auch Salat oder rohes Gemüse sind nicht das Richtige; beides führt zu Fäulnisprozessen und Blähungen. Besser sei gegartes Gemüse und Nüsse, wenn es unbedingt etwas zu Essen brauche. Ich bin sicher, ich kann sie mit meinen Vorschlägen nicht wirklich zufriedenstellen. Tja, da muss sie halt mal wieder zum Fettabsaugen schreiten. Geld scheint jedenfalls keine Bremse zu sein; sie erzählte von ihrer Weltreise mit einem Luxusschiff.

Strategie

Neuerdings führe ich starke Bauchatmungen durch, in der Hoffnung, den Abschwellprozess dadurch zu begünstigen. Auffallend ist, dass die Schwellung um den Nabel abends größer ist und beim morgendlichen Aufwachen – zumindest im Liegen – nur noch minimal zu spüren ist. Auf Empfehlung meiner Ärztin lasse ich mir fünf weitere Lymphdrainagen verordnen; allerdings aus Zeitgründen statt zwei nur eine in der Woche. Schaumermal was weiter passiert.

18. Woche, etwa fünf Monate nach der OP

Es passiert gar nix. Ich begreife endgültig, dass die runde Schwellung um meinen Bauchnabel Fett sein muss; denn sie nimmt zu, wenn ich mal wieder ein Wochenende über die Stränge geschlagen habe und sie nimmt ab, wenn ich mich danach ein paar Tage mit Essen zurückhalte. Früher hatte ich hier meine dünnste Stelle, nämlich eine Taille. Jetzt ist es meine dickste. Das war zwar nicht so geplant. Aber damit kann ich leben. Der Rest, vor allem das Zuviel-Gewebe unter der Brust, sind weg und bleiben weg.

Alle Narben sind reizlos verheilt. Schön sieht mein Bauch zwar nicht aus, aber schöner als vorher. Ich will bescheiden sein. Bikini-Figur war sowieso nicht geplant. Das, was unerwünscht war, ist jedenfalls weg.

Literatur, die weiterhalf, dieses Abenteuer zu verstehen, schmerzliche Momente zu ertragen und Zuversicht und Optimismus zu pflegen:

Liposuktion, 2003, Gerhard Sattler, Boris Sommer, Verlag Mednova.

Der Jungbrunnen des Dr. Shioya, 2017, Nobuo Shioya, Verlag Koha

Wut ist ein Geschenk, 2019, Arun Gandhi, Verlag Dumont.

Weitere Bücher zu diesen Thema
aus dem Redaktionsbüro Fischer + Siegmund:

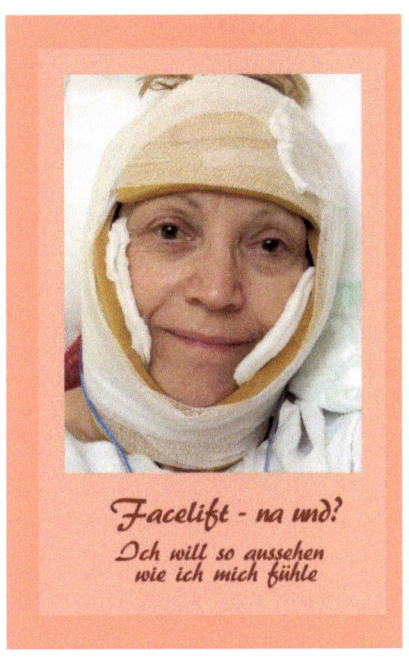

Facelift - na und?
Ich will so aussehen, wie ich mich fühle

Facelift
operativ
Was Sie schon immer wissen wollten
Ein Selbsterfahrungsbericht

Facelift operativ - ein Selbsterfahrungsbericht

Borreliose-Jahrbücher 2006 bis 2020

Reisebuch-Reihe „Wohin? Warum? Wie war`s?
Apulien, Azoren, Gardasee, Helgoland, Island, Kassel, Marmolata, Marokko, Mittel-Irland, Norderney, Patagonien, Rom, Schottland, Toskana, Sankt-Lorenz-Strom, Zugspitze,